15秒课堂活动设计指南

Take Control of the Noisy Class Workbook

解决课堂混乱的36个关键活动

[英] 罗博·普莱文 Rob Plevin 著

中国青年出版社
CHINA YOUTH PRESS

图书在版编目(CIP)数据

15秒课堂活动设计指南：解决课堂混乱的36个关键活动/(英)罗博·普莱文(Rob Plevin)著；刘卓，余晓玲译. —北京：中国青年出版社，2023.5
书名原文：Take Control of the Noisy Class Workbook
ISBN 978-7-5153-6818-4
Ⅰ. ①1… Ⅱ. ①罗… ②刘… ③余… Ⅲ. ①课堂教学－教学管理 Ⅳ. ①G424.21
中国版本图书馆CIP数据核字（2022）第210853号

15秒课堂活动设计指南：解决课堂混乱的36个关键活动

作　　者：[英] 罗博·普莱文
译　　者：刘　卓　余晓玲
责任编辑：肖妩嫔
文字编辑：黄　婧
美术编辑：张　艳
出　　版：中国青年出版社
发　　行：北京中青文文化传媒有限公司
电　　话：010-65511272 / 65516873
公司网址：www.cyb.com.cn
购书网址：zqwts.tmall.com
印　　刷：大厂回族自治县益利印刷有限公司
版　　次：2023年5月第1版
印　　次：2023年5月第1次印刷
开　　本：787 × 1092　1/16
字　　数：61千字
印　　张：10.5
京权图字：01-2020-7660
书　　号：ISBN 978-7-5153-6818-4
定　　价：49.00元

目 录

前言

如何提高课堂效率，解决课堂混乱

《15秒课堂活动设计指南》将帮助教师及其他教学人员学会如何聚焦学生需求，解决课堂混乱，以提高课堂效率。本书一共十三章，每章分为以下3个主要部分：

1. 教学策略：这些概念涵盖了以需求为导向的课堂管理过程中每个阶段的主要思想和理解要点。

2. 焦点问题：这些问题指导你在阅读本书时进行个人反思，或在每周的教研小组会议上展开讨论。

3. 活动开展：这些活动以任务和场景的方式，为深入研究、切实实践本书中阐述的经验、技巧和主张提供机会。

部分章节还包含一个附加环节：补充阅读。这部分会酌情提供有关该章节教学技巧的补充背景资料。本书开头与结尾分别以选择题的形式提供了读前自测和读后评估，以便你对使用本书后的教学成果进行检测。

与朋友和同事一起学习

朋友和同事可以帮助你更加轻松地掌握与运用《15秒课堂活动设计指南》中提到的各种教学策略。此外，参加学习小组可以为你练习和磨砺课堂管理技巧提供良好的环境。

一个简短的课前或课后会议可以总结出大量的教学新技能，促进全体教职员工的发展。同时，同行的反馈和参与也能帮助所有与会者找到解决难题和破除困境的方法。

开展教研小组活动

本书中的活动和问题可根据13次教研小组会议（每次约45分钟）的具体内容加以调整，会议每周举办一次，主题可选。周会可以是回顾以前内容的温故知新，也可以是关注课堂问题的行为纠错，如第十三章强调的行为问题会议或特定场景问题会议等。这13次教研小组会议将重点讨论以下主题：

1. 快速改善课堂纪律必须要知道的事；
2. 怎样管班才有效：建立日常规范；
3. 给学生清晰的示范和说明；
4. 让学生从错误中学会反思的“后果”措施；
5. 建立良好的师生关系，不吼不叫管好纪律；
6. 课堂上的正面管教；
7. 改善课堂纪律，从教室门口开始；
8. 座位计划；
9. 针对不同学生特点的分层式管理；
10. 开始上课；
11. 建设相互尊重与支持的学习氛围；
12. 维护课堂的秩序；

13. 解决课堂上出现的棘手问题。

除了讨论核心观点、回答重点问题和完成每一章的活动外，附录还提供了教研小组会议的其他活动以备参考。这些活动使简短的课后或课前会议成为实用的、可操作性强的研讨会。

读前自测

高效课堂管理的关键

请在1和10（低到高）之间勾选一个数字，评估你对每种情况的符合程度。

我对学生和教学持积极态度。	1 2 3 4 5 6 7 8 9 10
我有一套现成的方法管理课堂，保证各部分之间流畅衔接。	1 2 3 4 5 6 7 8 9 10
我会优先考虑与学生建立良好的关系，并使每位同学都感到备受重视。	1 2 3 4 5 6 7 8 9 10
我注重正面的课堂管理，赞同对正确行为进行表扬。	1 2 3 4 5 6 7 8 9 10
我对所有学生都抱有很高期望。	1 2 3 4 5 6 7 8 9 10
我的学生一上课就能立刻安静下来。	1 2 3 4 5 6 7 8 9 10
为了学生能够理解，我保证以平和的方式和恰当的措辞对他们提出明确要求。	1 2 3 4 5 6 7 8 9 10
我知道如何营造和保持良好的学习氛围。	1 2 3 4 5 6 7 8 9 10

（续表）

我知道如何维护课堂秩序，以便减少干扰和失当行为的发生。	1 2 3 4 5 6 7 8 9 10
我知道如何在不引起对立情绪的情况下实施处罚。	1 2 3 4 5 6 7 8 9 10
我对常见的课堂行为问题有一系列具体的应对措施。	1 2 3 4 5 6 7 8 9 10
我知道如何开启一堂难度较大的课。	1 2 3 4 5 6 7 8 9 10

你可以使用此表来比较阅读本书前后在影响学生方面取得的进步。请在阅读后重新反思你的教学过程，并将评估结果与你阅读前完成的表格进行对照。

第一章

快速改善课堂纪律必须要知道的事

高效课堂管理的关键不在于教师如何处理失当行为，而在于如何从最开始预防问题的产生。

教学策略

1. 有效的教学从教学态度开始

你的态度决定了你做的每一件事情，它将决定你与学生们说话的方式、课堂活动的形式以及你布置给他们的任务，还包括你会花多少时间与学生建立联系纽带，以及其他与之相关的各种事情。你的态度会通过你走路的方式、讲话的形式和你的穿着打扮流露出来，特别是当你在走廊上遇到学生或者是在课堂上进行课程介绍的时候。

2. 预防问题比处理问题更容易

警惕性的缺乏会造成整个教学环境中“万事皆有可能发生”，而一旦这样的苗头在你的班级当中出现，那么这样的不当行为就会变得越来越普遍，而你也会越来越难清除它们。避免这种情况发生的唯一办法，就是要更加集中注意力，而且要尽可能地抓住任何可能出现的问题。毕竟，当问题还处在萌芽状态的时候总是要容易解决一些，一旦它根深蒂固之后再来处理就不那么容易了。

3. 学生如何对待我们取决于我们如何对待学生

当学生们没有按照要求行动时，有两种处理方式：公平的或不公平的。不要感到吃惊，这与我们对“公平”的定义无关，而是与他们自己对这个词的理解有关。让他们感到难堪，挑剔他们的行为，指责或是大声的呵斥，对他们来说都是不公平的，很显然这会导致负面的压力、争辩以及逃学等。年轻人是能够读出我们内心感觉的专家，但同时他们的自我控制能力又比较差，因此一旦他们认定我们不喜欢他们或者是在什么事情上反对他们的话，那么他们的反应会很极端。如果我们尽量减少乃至于消除了学生们与我们争辩的机会和借口，那么我们就会把教室里的关系变得轻松自如。我们可以通过“尊重教育”的形式来帮助他们做到这一点，严格但同时又保证公平。

4. 学生需要教师做到言行合一

所有的学生——包括那些你正在处理，以及那些在观察你如何处理的学生们，都需要看到你能够一碗水端平。他们需要知道你对任何人的处理都是一样的结果，而不会因人而异。你必须在任何方面都采用同样的标准和要求。你不能某一天使用它们，而另一天又弃之不用；你不能某一天对某个学生施用，而对他的朋友听之任之；你不能某一天对某个学生居高临下、盛气凌人，而对另一个学生则又唯唯诺诺、畏手畏脚。每一次你需要做到的就是言行高度一致。

焦点问题

1. 课堂上什么环节可能出现行为问题？为什么会出现这样的问题？

这里有几种可能性可以加以考虑：

- 学生们左顾右盼或者是表现呆萌，也许仅仅是因为想引起大家的注意；
- 逃避写作业的学生总是有挫败感，可能是因为作业对他们来说太难了，他们感觉已经远远落在后面；
- 学生们有时怒气冲冲或者据理力争，也许是因为他们觉得自己总是被挑剔，认为周围的人密切关注自己，反而使他产生了要做一些“错误的”事情的逆反心理；
- 那些选择辍学的学生可能是因为缺乏足够的自信，经过多年的失败，他们认定自己一无是处；

- 具有破坏性的学生也许是因为感到无聊，他们渴望变化、刺激和挑战，可是课堂无法给他们提供这一切；
- 愤怒而粗鄙无礼的学生可能是在怨恨之前给予他们的不公正待遇。

当然，上面列举的这么多每天发生在教室里的“行为不当事故”，形成原因仅是我们的推断。单是学生不能够尽快就位上课这件事，就能找到各种各样的解释：家里发生了什么事，同学的欺凌，担心作业问题，和其他老师发生过冲突，或者是对上课的时间点没有明确的理解等等。这些是可能的理由，显然还不能代表全部的可能性。但有件事情是肯定的，那就是在每一种我们亲眼所见的行为背后，至少隐藏着一个真实的原因，而不仅仅是明目张胆的对立态度。了解并牢记这条原则是非常重要的，因为它会改变我们对待学生的态度，从而决定我们在处理既有行为时可能采取的计划和策略。

2. 敏锐型教师有什么特点？

如果你看到两位学生开始拌嘴，给他们一个警告，或者是把他们俩分开，越快越好；如果一名学生看上去很紧张，给他提供一些帮助，越快越好；如果一名学生开始频频打哈欠或者是因为完成了课堂作业而坐立不安，可以将练习的难度提高一些或者是让他做一些别的事情，越快越好！要对这些警示信号倍加注意，在信号强度升级之前一定要采取措施。每次和那些“制度破坏者们”较量（甚至包括那些你不愿意直面的，容易引起学生更激烈报复行为的），要保证让他们感觉到你的关注点无所不在。要不停地四处走动，一边在教室的四个角落之间来回巡视，一边讲课，把每张桌子都环顾一遍，说话的时候要让所有的学生都听到，让他们知道这是你的领地，而你就像后脑勺长了眼睛一样，可以对发生的任何事情了如指掌。

3. 如何在日常教学中践行言行合一？

如果你因为班上的学生不听课而需要将他们请出教室，那么就说到做到；如果你因为他们不能够心甘情愿地遵从你的训导，不得不浪费整节课让他们练习排队，那么请说到做到；直到学生懂得你是个说到做到的人，才能在课间或者午休时间将他们带回来进行训练。这就可能需要你和训导员或者是年级组长保持联络，意味着你可能要往学生家里打不计其数的电话甚至是亲自拜访。但是所有这些琐碎的工作都会为你赢得声誉，而且一旦学生们从内心认同了你永不放弃的行为，你将来也会一直坚持自己的行动，这时反而可以节省时间了。最终，我向你保证，他们会认可你的坚持不懈，并且你会发现，当你问及他们时会很容易得到回应。

4. 在与家长/监护人或其他工作人员打交道时，保留详细记录有何益处？

当学生们在你的课堂上制造麻烦的时候，准确记录至关重要。就算在最混乱的班级，最主要的“捣蛋分子”也就五六个，而他们几乎包揽了班里发生的主要问题。记录这些事情花不了太多的精力，而这样做的好处是显著的。

你所需要做的事情只是在你的讲义夹中为每一名学生备上一张A4纸，上面记录着他们破坏课堂秩序的言行。那样的话，你就能在面对他们的家长或者与其他上级的同事谈话时，准备好关于某个孩子的事实依据，而不会让他们觉得你是在信口开河。比如说能够引用诸如“在3月17日，第二节课上，汤姆说马克是一只‘肥猪’，虽没有挑衅行为，但是口头威胁马克说要用铅笔扎他”。确凿的证据，比你一直用诸如“汤姆总是打扰其他的同学”这样含糊的表达方式要有效和专业得多。

活动开展

活动1：预防性教学管理

预防策略是课堂管理的基础。通过消除或尽可能减少导致学生行为问题的潜在原因，课堂活动可以变得更加顺利和愉快，同时教学和学习效果也可以得到改善。

- **步骤1：找出学生行为问题的原因**

选择长期教学的一个班或者一组学生参与活动，教师的任务是记录在这个小组中最常发生的两种行为挑战，思考这些挑战产生的原因，并运用下表或其他类似的表格记录答案。

注意：当我们不能确信某些行为发生的原因时，唯一能做的就是合理猜测，不过这个训练的理念只是站在学生的角度进行观察。一旦你养成猜测的习惯，其结果可靠度之高会让你惊讶不已。不过，如果在这个阶段你还是不确定或者仍然不知道背后原因是什么，也不要担心，因为它很可能在适当的时候就会显现出来。此外，猜测课堂上各种行为问题背后的原因固然有益，但是对于预防行为问题或以非对抗的方式解决问题而言，并非至关重要。

问题	可能原因	预防措施
频繁交头接耳	1.课堂上过于强调说教。 2.活动节奏缓慢。 3.活动的多样性或挑战性不够。 4.未能及时制止违反纪律的行为，或默许了轻度干扰行为的发生。 5.处罚措施未能明示或执行到底	

直接询问学生违纪行为的原因可以帮助教师找到所需答案。在后面的练习中，我们将研究如何举办一次学生动员大会，以帮助我们进一步探索原因。不过现在，你只需大致猜测。最后你也许会惊讶地发现，当你后退一步，开始思考各种问题而不再将目光局限于如何解决问题时，其背后的原因是多么地显而易见。

● 步骤2：采取预防措施

如果你现在遇到一些原因明了的行为问题，那么你可以制订计划来预防它们的发生，并在“预防措施”一栏中填写你的答案。例如，为解决课堂上学生频繁交头接耳的问题（如上表中的例子），我将补充以下预防措施：

1. 尽量减少口头解释和介绍，适时提供书面/图片说明。

2. 让学生直接参与活动，包括部分讨论环节（这些学生正好喜欢交谈，不是吗）。

3. 为学生提供一系列备选方案和拓展性活动，并在课程的每个阶段和过渡环节加快节奏。

4. 更加机敏迅速地处理轻度违规行为以避免混乱升级，并提醒学生课堂规则及违反的后果。

我不会在开始上课时这样做，因为这样便会为课堂氛围蒙上一层阴影，所以最好等学生思维活跃后再提出控制音量和保证各个环节顺利进行的日常规范，并确保按照规范实施处罚。

活动2：课堂管理要点

● 步骤1：回忆学生的行为问题

回想一下你最近遇到的一两个课堂行为问题，它们或来自你教的一群孩子，或来自一个特别调皮的学生。在下表中将这些行为问题写入“突发事件”一栏。

● 步骤2：避免或解决学生的行为问题

写下你是如何避免或解决学生的行为问题的。如果你是教学新手，请思考这些方法如何帮助你提高教学水平。

- 树立正确的态度；
- 保持机敏；
- 保持冷静；
- 从破坏性最小的干扰行为开始管理；

- 保持言行合一；
- 尊重学生；
- 化整为零，各个击破；
- 详细记录课堂情况；
- 把控教学环节；
- 避免喋喋不休；
- 建立你的后援团队。

突发事件	如何改善状况

活动3：建立你的支持系统

支持系统对于培养教师的信心至关重要。拥有现成的人力、计划和资源来管理课堂及处理难题会让你倍感欣慰，但该从哪里开始呢？本活动中，你需要在脑海中勾勒出一个完整的支持系统。

绘制一张思维导图，或制订一份详细计划，说明如何从同事、家长和学生那里获得支持。

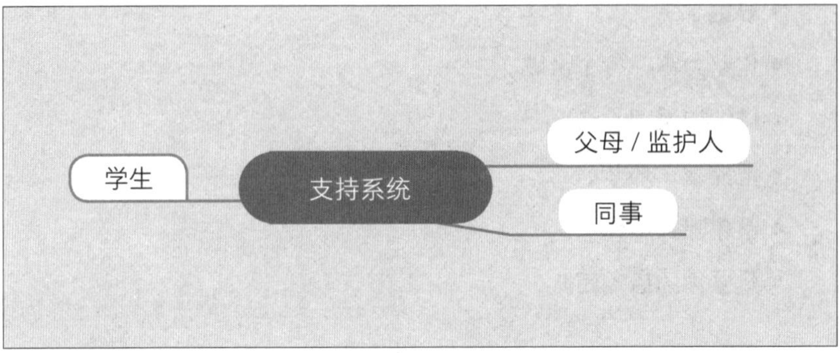

第二章

怎样管班才有效：建立日常规范

在教学和行为管理中，我们都知道“一致性”有多么重要，而日常规范就是要把“一致性”付诸实践。

教学策略

1. 大多数课堂问题都可以通过制定行之有效的日常规范来预防。

日常规范给予了你的学生一张“行为地图”。花一点时间来建立规范，让学生遵从指导，你就不再需要把大量的时间花在一遍又一遍地重复教育那些不听课的学生上面，因为规范中已经清楚明白地告知学生们要做什么、该怎么做。

日常规范同样也可以为学生在你的课程上提供更多的体验成功的机会，对那些难缠的、爱惹麻烦的学生来说也是如此。这件事儿本身并不十分有趣，但为了完成一项特定的任务，可以通过提供清晰的按部就班的流程帮助他们，而他们正确完成事情的可能性则显著提高了。一旦你有更多的机会表扬学生，或者是肯定他们的行为，他们的态度和行为也会往好的方面更快转变。

2. 确保所有学生遵守新规范，将日常规范的参与程度最大化。

在创建之初，尽量让学生们参与其中。不要总是规范学生行为的方方面面，这容易引起学生的反感，特别是对年龄稍大的群体来说更是如此。在这个过程中，可以邀请学生提出建议，这种方式会让你获益匪浅。比如，他们会说出在某个特定的情况下应当如何行动，于是你就可以采用这些建议，完善拓展日常行为规范体系。学生在成长过程中需要有人为他们指出正确的方向，上述方式可以快速地对应到某一条日常规范的建立中，这比你仅仅是强加给他们要有效得多。

积极的同辈压力也会起到重要作用，让群体中那些受欢迎的成员与你站在同一战线上。花几分钟时间和一些团队的“领袖”来一次一对一的对话，向他们阐明日常规范对你的重要性。当你用日常规范引导团体中的其他人时，需要这些“领袖”的积极配合。

3. 每次只教授一条日常规范。

在我的教师培训生涯早期，我曾在一家慈善团体工作过，目的是改善年轻人的行为习惯。我们共同通过工作区分一天中不同的时间段，找到活动对整个日常规范体系有什么好处，比如，每天一大早，登上校车，校车上的行为，课间休息时间，日常上课的行为……我深知有了日常规范会带来很大影响。但是我当时犯了一个错误，没有特别强调，一次最好只建立一条日常规范。

有些同事出于好意或者信心，试图在同一时间段内一口气建立5~6条日常规范，最后的结果却让每个人都觉得一团糟，以至于我几个星期后从青年中心返回，感觉自己几乎没有取得什么进展。于是我们回顾工作过程，终于找到了问题的根源：必须将某条日常规范的建立限定于某个时间段内！这样的改变带来了令人震惊的结果。几天之后，青年中心的管理者打电话来告诉我，他们的工作日状态发生了巨变，学生们开始上课学习了。

4. 课前充分的准备可以避免几乎所有的停顿、挫败和疏漏。

提前将课堂上所需的材料、资料和设备准备好，对于维护日常规范是有帮助的，这样可以避免一节课中频频出现无计划的、没有组织好语言的情况。有时候犯错是不可避免的，这个时候你就得指望学生们可以足够合作地安静坐着，等你找出错误的原因，而不是搞出此起彼伏的噪声来让你心神不安。有些班级的学生可以容忍短暂的停滞，等待“歌舞表演秀”时刻的到来，而这个时候你如果没有什么可以吸引他们的活动，抓住他们的注意力，那么，这儿很快也会变成一个“精神病院”。

焦点问题

1. 建立日常规范的优点有哪些？

- 日常规范为学生提供行为标准，并指明恰当行为的具体要求。
- 日常规范让学生知道应该做什么，什么时候做，以及如何做。
- 日常规范有利于顺利开展教学工作，减少时间和精力的浪费。
- 日常规范有利于学生对自身的行为和学习负责。

2. 学生需要遵循哪些日常规范？请举例说明。

比如说：

- 进入教室；
- 开始上课；
- 分发材料；
- 收材料；
- 寻求帮助；
- 活动或任务的变化；
- 当完成了作业时该做什么；
- 迟到了怎么办；
- 使用特定设备；
- 团队合作；
- 去图书馆；
- 观看视频；

- 倾听来访者或者演讲者的讲座；
- 回答问题；
- 布置课堂作业；
- 布置家庭作业；
- 离开教室。

3. 在课堂上建立新规范的三个步骤是什么？如何做到应对突发状况与遵循常规惯例并行不悖？

第一步　创建或者罗列你的日常规范

制定一项日常规范，基本上就是将每一个范例中相关的步骤浓缩为3~6个简单步骤，就像下列这个“开始上课”的日常规范的范例（不必过分担心对于你的实际情况来说它是否过于严苛，仅仅是一个例子）。

（1）按时到达教室

（2）安静地排好队

（3）进教室的时候不要交谈，把外套挂好

（4）在自己的座位上坐好

（5）在黑板上写好上课伊始的热身活动

第二步　给你的班级讲解日常规范

举一个例子，在我们上面提到的“开始上课”阶段，应该如何进行第二个步骤呢？你应该让学生们按照你的要求保持安静，在教室外排好队，保持秩序。如果你对他们一边排队还一边交谈、推搡和碰撞的行为感到不悦，就要竭尽全力阻止这些行为，否则下次排队的时候他们一定依然如故，这样的话，你的日常规范就彻底失效了。你应该事先更明确地说“保持安静排好队”，说明此时必须站直，安静地挺直自己的左肩紧贴墙壁，把双手放在身体两侧，两眼直视前方，并且绝不能说话。

选出5~10个学生，让他们在其他同学们面前演示，然后让全班同学照着这个标准做。他们通常会试探一下如果做错了你会怎么办，或者只是偷偷窃笑、暗暗指点，或者干脆什么也不做，那么整个动作就必须重复一遍。

当然，你可以让这件事情更有趣，不那么像在发号施令。可以尝试设置一个目标任务，通过练习就很容易达到（比如在5秒钟内让每个人都排好队），一旦谁没有完成任务就得做一个游戏。第一天可以将目标设定为20秒，起步阶段可以慢一点，以后每一天都在慢慢地提速。记住：要在整个过程中保持积极的强化训练。

对一些群体来说，如果他们在你使用轻松的游戏方式时不买账，你也许可以故意将事情弄得对他们来说难以适应。我认识很多的老师，包括我自己，会花费整个课间休息时间来训练一些群体“安静地排好队”的习惯。这有可能会被别人认为是在浪费时间，但在教授日常行为规范的初始阶段，通过这样“将他们的课间休息时间完全牺牲掉”的方式，几天之后，他们最终会完全理解你想要传达给他们的意图。

再多说一点就是：一旦他们按照你的要求做到了，那么，接下来最重要的就是要强化和巩固这个行为。用向他们表示祝贺的形式来记录下这个时刻，有时候也可能是一个来自全班同学的自主选择的奖励（参看第六章关于积极强化的部分）。

第三步　张贴日常规范

日常规范成功的关键在于让学生们熟悉这个规范，让这些规范成为他们的本能或者“第二天性”。在一些东西成为习惯之后，你就没有必要再去反复说教了，到那个时候你的教室里就可以完全实现“自治”。

如果你需要提醒学生们牢记日常规范，就可以制作一个与日常规范相关的提示语，张贴在教室中某个显眼的位置。一旦班上有哪位同学开了小差，你所需要做的，只是抬一抬手指，让他看到墙上贴的日常规范。这时你可以询问一个实际的且不激发对抗的问题，让学生们反思，并对自己的行为承担起责任。“你现在应该做什么呢？”然后，紧接着说：“那就这样做吧！”事实证明，只要你的引导方式足够好，他们根本没有机会和你争辩。多好啊！不是吗？

4. 如何确保日常规范在发生拖延和意外插曲的情况下继续生效？

有时候尽管你尽了全力，但总还会有一些学生认为应该把建立日常规范扼杀在摇篮中，或者是给你制造一些麻烦。通常这样的学生需要特别的关注，提醒他们：团队要获得成功，取决于每个人都参与到遵守日常规范的行动中来。

有的时候，一次严肃的警告就足以让他们就位，而如果警告没有发挥作用的话，你应该自然而然地将后果的严重程度升级。

活动开展

活动4：日常规范的必要性

学校正常的一天活动、过渡环节及时间段稍有变动，学生就需要花费很长的时间才能适应，这时如果建立一个能指导学生行为的规范体系将大有裨益。鉴于这些活动及时间段的变动常常会引起混乱，我们称之为“行为热点”。例如乘坐小巴士、旅行、参观图书馆、活动参与、改变活动计划、观看视频、集体吃晚饭/休息、提前完成学习任务、上课迟到、小组学习、参加讨论等。

请在这里写下你的课堂“行为热点”。

____

____

____

活动5：创建日常规范

每名教师在建立日常规范的过程中，至少应该有5项基本规范，每项规范包括4~6个可操作的步骤。在编辑规范要求时，一定要在每一步中采用积极的表达方式——阐明应该怎么做，而不是不要怎么做。

基本规范1： 学生应该在上课开始时做什么。

基本规范2： 学生应该如何适当地寻求帮助或支持。

基本规范3： 学生应该如何获取材料和运用工具。

基本规范4： 学生应该如何整理材料和工具。

基本规范5：学生应该在课程结束时做什么。

活动6：贯彻规范要求

是时候开始教学和贯彻规范了，请在下表中填写你计划的各项规范。记住：每次只向学生传达一项规范的要求，在学生将这项规范养成习惯后，再继续下一项。

什么时候上课？	
上课的步骤是什么？	
如何向学生演示规范要求？	
如何强化规范要求？	
如何检查和评估规范的有效性？	

活动7：处理抵触情绪

学生对新的规范要求产生抵触情绪是正常现象，请创建一个工具箱，用来收集可促进师生合作的方法与策略。

确保学生遵循日常规范的方法

第三章

给学生清晰的示范和说明

通过正确的沟通方式向学生清晰传达关于日常行为规范的说明，有助于学生理解什么是预期表现，以及如何达到预期。

教学策略

有效沟通不是自然发生的，而是需要计划和努力，以确保学生的充分理解。

● **确认指令，用平静而果断的语气给出清晰的指令**

给出清晰的指令的要点之一，就是要确保你释放的信息不被误读。当我要求学生做什么事情的时候，我喜欢运用类比来给予学生们清楚可循的路径，我通过这种办法告诉他们该去哪儿或者应做什么的时候，他们更容易领会我的意图，同时这也减少了发生争论的机会。

含糊不清的语句，诸如“坐好了！”和“安静地写你的作业！”等等，都相当于给予他们和你争辩的机会。为什么呢？因为我们并没有就“好”和“安静地”这两个词语给出精确的定义。对于一个学生来说，“安静地”可能意味着可以小声地交谈，而对于别的人来说可能又意味着可以用正常的声音说话，另外一个学生可能会认为噪声根本就没有一个可以衡量的标准。因此，当你向他们提出要求的时候，他们可能立马就回答你：“我已经在安静地写作业了啊！”

为了避免出现“我正在做你所要求的啊！”这样的争论，我们需要给出清晰的指令。坚守住这条界线之后，我们所需要处理的问题就会变得寥寥无几。哪里有模棱两可的教导，哪里多半就会出现学生破坏规则的现象。

● 询问学生，确认他们都听到了指示

首先，让他们确认或者重复刚才你要求他们去做的事：“汤姆！请你重复一遍，那样我才知道你已经听到我的要求。”紧接着，你可以检查他们是否理解了要求：“谢谢你，汤姆！那么现在你是否可以说明一下你会怎么做，以便让我知道你可以解答接下来的问题。”

如果汤姆说他还是需要你再说一遍指令，但刚才很显然他已经知道该怎么完成任务，你可以直接告诉他继续做下去，汤姆再也不会找类似“我没听明白”“我没听到你说什么”或者是“我不知道你说的是我”这样的借口了。

● 陈述理由，给学生们一个做事情的理由

当我们要求学生去做什么事情的时候，我们需要给学生们一个做事情的理由，意味着你可以将教导的重要性和实际行动联系起来，而不会

被视为多管闲事或陈词滥调。

有的时候它甚至不需要一个好的理由："赶紧写你的作业，否则你就无法完成了"这样的话和"赶紧写你的作业，否则你就要在这一周每个午休时间来我的办公室补作业了"所达到的效果是一样的。而且毫无疑问的是，这也不会引发更多的争论和反抗。

- **明确要求，强调"当你这样做的时候，会发生……"**

与其说"你们需要停止捣乱"或者是"你们让课都上不下去了！"，不如说"汤姆！你在教室里大声说话，干扰了其他人。请你好好听课，不要乱喊乱叫。"或者是"汤姆！你打断我讲课的时候，也给别人听课带来麻烦，我没法上课了！如果你想要问什么问题，请记得先举手！"

补充阅读

下面的例子体现了沟通不当对小学生造成的影响。无效沟通会造成混乱和误解，而这两种情况都有损学生的表现和自尊心。

莎拉是一名小学生，在上学的第一天非常兴奋，她迫不及待地想见到自己的老师，结交班上的新朋友。莎拉聪明伶俐，积极向上，彬彬有礼。上学第一天，她遇到了教师史密斯女士，这是一名经验不足同时缺乏自信的新教师。史密斯女士在自我介绍时简单讲解了课堂纪律，其中有一项规定是：如果学生上课迟到，必须先去办公室签到并带着签到证明进入教室。

这项在老师口中含糊其词的规定令莎拉非常困惑，但由于害怕引起旁人的注意，她没有当场询问。

在随后的几个星期里，莎拉在史密斯女士的课堂上很开心——她和老师相处融洽，学习非常努力。然而一天早上，她的母亲送她上学迟到了，莎拉很着急，径直跑向教室，然而老师对她没有带来签到证明的行为非常失望，并皱着眉头斥责她没有遵守课堂规定。莎拉也因为事先不清楚这项规定感到既尴尬又困惑，所以当教师在全班面前冲她大喊大叫时，她难为情地哭了起来。

莎拉不清楚班级规定的案例似乎微不足道，但这件事会让她对老师以及整个班级的看法产生消极的连锁反应。

如果莎拉不清楚班级规定，那么很可能也会对史密斯女士未来的指导产生困惑，甚至下一次误解发生时后果可能更严重，这也会进一步伤害莎拉的自尊心，甚至在课堂上产生不必要的冲突。

尽管有的孩子故意不服从教师安排，但通常情况下，大多数学生并不会违反课堂规定，他们只是有点“淘气”。一般来说，那些没有充分理解课堂规定和听懂教师指示的孩子才会违反纪律，因为他们不知道什么能做、什么不能做。

在莎拉的例子中，一名本无意冒犯的学生由于与教师的无效沟通违反了课堂规定。但实际上，因为她从一开始就不知道应该怎么做，所以她并没有做错什么，因此在受到教师责骂时的羞愧反应也是可以理解的。如果事先清楚课堂规定，那么她很可能会尽力遵守以避免造成冲突和尴尬的局面。尽管这场沟通不畅导致的误会给莎拉和老师带来了不必要的冲突与混乱，但如果事先沟通清楚，这些都是可以轻松避免的。

焦点问题

1. 你觉得为什么75%的沟通都是非语言的？请举出一些日常生活中非语言交流的例子。

多达75%的沟通是不需要通过语言的，我们所使用的词语能够表达出来的意思，离我们真正想要诠释的东西还有些差距，这就需要我们运用肢体语言、面部表情、手势和亲密度——即与学生说话时所保持的距离。所有的这些方式，对于别人能够在多大程度上真正理解我们所说的话，所发挥的作用是非常大的。

为什么学生们常常会过早地下结论或者误解我们的意思？甚至有时候我们还没有开口说话，他们就这样认定了呢？这是因为我们常常会在不经意间通过面部表情、音调和肢体语言等无声语言传递出某些信息，从而导致最后的结果是要么学生会认真倾听，要么完全忽视我们、向我们喊叫或是哭泣着离开教室。

在我们的信息被诠释的过程中，发声的方式也具有重要的影响，至少代表着尊重。你可能会发现，如果你将平时在教室里说话的嗓门调低到我们平常在餐馆里说话的音量，你的学生们反而会静下来听你讲话。

2. 提出问题而不明确要求是如何给学生造成困惑的？我们应该怎么给出具体要求？

我们都知道，如果我们采用尊重学生的话语，会比充满敌意的方式更容易获得学生的积极回应。但是很多老师试图礼貌地强制学生们有更好的行为表现时，往往错误地认为提问是更好的指引方式。

类似的对话大致就以下面的方式进行：

好了，各位，我们现在可以坐下来了吗？

汤姆！你认为现在是否应该坐下来呢？

你现在可以继续写你的作业吗？

我还要告诉你几次呢？

我能请你安静地好好写作业吗？

难道我是在自己说给自己听吗？汤姆！

你没有听到我说的话吗？

你是不是觉得我是个傻瓜？

上述的提问形式不仅容易引出你不想要的回答（特别是最后三个问题），还容易造成失控和争论。学生需要清楚明白的指导，而不是含糊不清的提问。

简明扼要的指导可以比提问传递出更平静而且缜密的信息。如果你希望学生清楚地满足你的期待，应该这样说："汤姆！别再讲话了。转过身来，好好完成你的表格！"

你也可以考虑把"请"换成"谢谢你"。通过在一条指令后加上"谢谢"，可以更直观地表达出你期待学生们按照要求做事："汤姆！别再说话了。转过身来好好完成你的图表，谢谢你！"

活动开展

活动8：用指示替代提问

平和从容地做出简洁的指示比提问更有成效。请将下列问题转换成指示或具体要求。

1. 你能安静点吗?

____

2. 你觉得在椅子上摇晃合适吗?

____

3. 你们能别这样吗?（对两个在独立完成任务期间交头接耳的学生）

____

4. 你为什么需要我一直叫你转身呢?

____

5. 你们在听我说话吗?

____

6. 你为什么这么做?（对一名在其他同学作品上乱涂乱画的学生）

____

7. 有人在听我说话吗?

8. 你不觉得应该停下来吗?（对一名随意讲话的学生）

9. 你有什么困难吗?（对一名不断逃避学习的学生）

活动9：给出学生愿意并能够遵循的指令

请按照给出的提示重写1~5条指令，并运用至少两种方法使每条指令更加有效。

- 确认指令，用平静而果断的语气给出清晰的指令
- 询问学生，确认他们都听到了指示
- 陈述理由，给学生们一个做事情的理由
- 明确要求，强调“当你这样做的时候，会发生……”

1. “完成1~5项任务。”

2. “请停止讲话，继续学习。”

3. “太吵了，安静！”

4. “看看你弄得一团糟，把它清理干净！”

5.“别捣乱，快去学习！”

第四章

让学生从错误中学会反思的“后果”措施

合理处罚应该通过明确指出事件后果及时阻止失当行为。

教学策略

1. 正确运用适当的处罚可以帮助教师赢得尊重，并与问题学生建立联系。

如果我们想让学生举止得当，可以先使用鼓励或支持这种有效的干预手段，迫不得已再使用惩罚措施。我并不是反对惩罚，只是觉得，如果只是依靠结论性的东西（以及它们所带来的威胁），将它作为唯一适合我们应对不当行为的行动准则的话，未免有点危险。通过这样的方式管理班级，会制造出一种过于苛刻和压抑的氛围，随之带来的问题比它能解决的问题更多。

- 如果你不按我说的做，那你放学后留下！
- 如果我听到一个以上的人在说话，课间休息的时候谁都别想离开！
- 现在把手上的东西放下来，不然我可要叫你的家长到学校了！
- 你所有作业都没有做，我必须把这件事情记录在报告册上！

别理解错了。我们需要用“后果”来表明我们的底线，孩子们也需要底线带来的安全感，学习恰当的行为。但是任何工具的功效，都取决于我们使用它时采取的是正确的方式还是错误的方式。

恰当地使用它们，“后果”几乎可以对所有级别的违规行为产生立竿见影的效果。它们可以提供一个让学生们可以完全理解的、清晰的、最终的、明确的结论，而让那些反反复复的警告、提醒、威胁以及其他低效的战术告一段落。从长远来看，它们是一个神奇的、有效的办法，帮助你与那些制造麻烦、藐视一切的学生建立纽带。如果一个年轻人感觉到他的老师试图通过鼓励和支持他选择理智的行为来帮助他，同时还公正地帮助他建立自己的底线，他对这位老师的尊重、信任和情感都会与日俱增。

2. 阶梯式“后果”措施使教师能够在课堂上管理学生行为。

● 不要一开始就直接亮出你的大招——“后果”是要分步骤的

A. 警告

B. 单独将他的座位移到教室前面来，时间不定但不宜太短（10分钟比较合适）

C. 请出教室

D. 2分钟的留堂

E. 10分钟留校

● 保持冷静——“后果”必须以平静的方式传递

如果你发出警告或者提出“后果”的时候发了脾气，那么你就将控制权交给学生了。如果你想要保持在教室里的控制力，你必须是一个不温不火、冷静、平和的领导者。

“后果”是你在面对做了错事的学生时，帮助你保持冷静的完美工具。让“后果”控制行为，没有必要在宣布一项“后果”的时候失去耐心。只需要平静地陈述如果某些行为继续下去，会产生什么结果，然后走开，继续做你的事情。如果学生们没有按照你的要求去做，只需要简单地从常识性的安全角度警告他们，“后果”自然而然就传达出去了。

当你对某一个学生发出警告或者宣布“后果”的时候，一定要轻声地说，确保其他学生听不到。这样也可以避免出问题的学生过于窘迫，觉得很丢脸，同时也不至于让其他的同学看他的笑话。

● 严格而公正——“后果”要与“问题行为”相对应

我们在使用“后果”措施时容易犯“用同一种方式处理不同问题”的错误。一次放学后的留校（或者是威胁要这么做）对任何不当行为都是一种通用手段，但是对于一个带有威慑性的行为或者已经被定性的错误，留校的效果并不明显。它也许会对那些已经知道自己该怎么做的学生产生作用，但对于那些还需要学习如何做出正确行为的学生来说，这并没有效果，除了让他们更加愤怒和怨恨。最终，大部分这样的留校行为都陷入“既然你想浪费我的时间，那我也来浪费你的时间”的恶性循环中，渐渐地，学生被留校所消耗的时间就变得毫无意义。

“后果”需要与问题行为紧密地联系在一起。通过程序化的警告（恰当的措施=行为问题+限制后续问题发生），同时提供清晰的选择，鼓励学生们担负更多的责任，让他们变得更注意自己的行为，而不是像平时一样充满敌意地将留校与处罚联系在一起。

● **保持一致性——“后果”措施需要始终如一地遵守**

我们都知道一致性在教学当中是必不可少的要素，而在传达“后果”时同样关键。在宣布了警告与处罚之后却没有贯彻到底，那么你无疑是在告诉犯错的学生，你的规则就像天气一样善变。很快，你就会变成一个出了名的软弱的人，一名没机会赢得尊重的老师，或者根本无法让学生听你话的人，想要不遵守你的教导，对他们来说根本不用教就会了。所以，请你一定要牢记，一旦发出了警告，那么所采取的“后果”每一次都要去落实！

焦点问题

1. 为什么以循序渐进的方式实施处罚很重要？

就一些相对比较小的事件来说，如果你一开始就大喊大叫或者是把孩子们赶出教室，那么一旦这些孩子继续犯错，你该怎么处理呢？记得要分步骤使用“后果”手段，这样在你需要的时候，你都始终留有余地。

在“后果”手段中，诸如取消休息时间、放学之后留校或者是吃午饭前留堂，都是一种好办法，因为这样你可以把一小段一小段的时间积累起来，传达你的观点并灌输给学生。如果一个孩子在课堂上聊天，你也没有必要占用他整段休息时间，既然这样，你就更不必直接威胁他放学后留校（收效甚微）。一开始只占用课间休息的2分钟，如果没有效果的话再逐渐地延长训导时间。

从小的方面做起，我们会有更多选择分步实施“后果”，同时可以持续地关注学生们接下来的行为。

2. 你认为将2分钟留堂当作初级处罚有何益处？对于长期的课堂管理方案有何帮助？

一名学生如果习惯性地忘记带学习用具，或者总是不好好坐在自己的座位上，故意干扰别的学生，或者连续不断地逃避功课，那么在他们这种无礼的行为出现的时候，给予他们一个简短的批评或警告是有好处的。这时候，2分钟的留堂就提供了一个讨论这个问题并且尝试找出更长期的解决方案的机会。它同样也提供了一种可以追踪问题的手段，否则出现这些问题时，你若想强调它们，就有可能会打乱上课的正常进度。

举个例子，如果一个学生上课迟到15分钟，那么让他解释迟到原因的最佳时机，并不是进入教室的那个时候，因为这样会让其他的所有学生感到不安。较好的办法是把座位指给他让他坐下，简要地告诉他上课任务以便他尽快进入上课状态，然后下课时再与他谈话，回过头来追究到课不准时的问题。

● 确定好交谈的基调，告诉他们哪里做错了

这不是向学生们大声喊叫或是咆哮的时候。不能够和自己的朋友一同离开教室很可能已经让他们感到烦恼了，而且有可能他对你要说的话事先缺乏理解的准备。因此，我们需要表达这样做的目的是找到解决办法，而不是继续深挖问题本身。要让他们放心，这只是一个时间非常短的留堂，而目的是帮助他们不要在同一个问题上再继续犯错而已。

例1. “好的，汤姆，这次留堂的原因是你今天上课迟到了10分钟，而且我已经告诉过你这不是第一次了。同意吗？我不想每次都在同一个问题上反复折腾，那么现在让我们想想办法，今后怎样不再发生类似的情况呢？……”

例2. “汤姆，最近我们之间的冲突好像多了一些，而我已经对你的粗鲁无礼和污言秽语多次警告了。我希望你还有机会继续留在这里，因此我们是否可以找到什么办法，相互配合，改正这些问题？”

● 简要地指出他们的行为问题

参照学校的政策，说明他们目前或者未来的某种行为是否会影响到其他人：“如果你上课迟到了，就意味着要打断我的课程，这对我和你的同学们来说都是一个问题。也意味着，你得在剩下的时间赶上功课进度。”

某些情况下，你可能会考虑通过角色扮演或者即兴表演的方式，告诉他们为什么这在教室当中会成为一个问题：“你介意我向你演示一下，我刚才看到你做了什么吗？”或者是“这就是我刚才看到的你如何与杰克‘擦肩而过’的样子。”向他们演示到底应该怎么做，以便他们在做事情的时候，脑海中能够清晰地出现演示画面。

注意：要绝对禁止在有自闭倾向的孩子面前使用这种角色扮演的形式，而对那些有可能会对这样的方式产生攻击性反应的学生同样要慎用。

● **倾听他们的故事并且给他们机会提出解决方案**

当你在寻找学生们行为的原因时，要避免直接问他们为什么要这样做。例如：“为什么你要这么做事呢？”“为什么你不听课呢？”“为什么你老是迟到呢？”“为什么你总是忘带作业呢？”

以“为什么”这样的质问口气提出问题，通常会导致意想不到的冲突。取代“为什么”的提问形式，你得使用诸如“我们考虑一下如何才能防止这样的行为再次发生？”“为了防止它的再次发生，我们需要做些什么呢？”以及“如果你需要帮助的话，你可以找谁？”这样的句型。

● **为进步创建一个“一步式”的计划**

和学生一起想出一个减少未来发生此种问题的方法，告诉学生接下来的一周内也要关注这一点。如果你觉得有必要，可以每星期和学生建立一个简短的回顾式会议机制，当他们在一周里有进步时，要记住在这样的会议上当众表扬他/她。

注意：如果一个学生下课时偷偷地溜掉了，没有参加你所要求的2分钟留堂，不要在背后追赶他，这样会让你看起来特别愚蠢。反之，你可以保持平静并在当天晚些时候，通过他们的班主任给他传递信息，要求他放学后到你的办公室，留校10分钟。

3. 为什么在实施处罚时考虑到学生的个性、环境以及过往案例至关重要？如何做到这一点同时兼顾教师对统一标准的要求？

很多时候我们在教室里看到的行为，只是因为学生需要帮助和引起你注意。我们需要敏锐地识别哪些学生可能正在与情绪、社会和教育的问题进行孤独的搏斗。一个“问题学生”其实只是一个“有困难的孩子”，如果给予他们更多的耐心和理解，就等于向他们施以援手，而不是通过一连串冷酷、漠不关心、威胁或者警告继续施加压力。因此，关于“后果”的优先级别是很必要的，它给我们和我们的学生划定了最重要的底线，帮助这些学生在底线学习，要比放任他们横冲直撞好得多！

这意味着，允许一个学生在一段时间里离开教室到不远的地方（汤姆！到外面的走廊溜达一下吧，好让自己的注意力集中，15分钟后再回到这里来！），提供额外的学习上的帮助（现在这会儿你和瑞格组成一个小组，由他来帮助你解决这些问题），或者只是通过和他们说话时表达出更多的同情，让他们觉得你真心关心他们（我知道你现在发现这事情有点困难，让我们先把这点压力卸下来，因为我不希望你在我们可以帮助你的情况下放弃了。过来，自己安静地坐10分钟，想一想。如果你需要和我说话，或者你还是很茫然，只要举起你的手，悄悄地让我知道你的心里在想什么）。

4. 提供选择是如何帮助学生反思自身行为的？

有一个神奇的小句子可以在你每次向学生提出警告时附上：“这就是你期望发生的事情吗？这可是你自己的选择！”这句话真的可以让他们

停下来思考自己的行为，并且帮助他们做出明智的选择。因此，当你对一个将要发生的结果发出警告时不妨加上这句话，“如果你不想完成作业，那么我可以帮助你来完成，但你得占用5分钟的课间休息时间。这就是你希望发生的事情吗？这可是你自己的选择！”

这么说会帮助学生认真思考自己的行为是否会导致“后果”的出现（这就是你希望发生的事情吗？），并且提醒他们解决问题的途径完全在他们自己的掌控下（这可是你自己的选择！）——这时候，相信他们会做出一个清醒的选择。

5. 实施处罚时，如何有效避免学生的抵触行为和顶嘴？

不管什么时候，当你不得不向一位学生宣布一项“后果”措施的时候，你都会不可避免地招致一些诸如眼睛乱转、小声嘀咕、抱怨以及其他的后续行为。不要被这些行为拖入争论中，无论是这个学生进一步做出了给你带来更大压力的事情，还是你感到更加暴怒或者窘迫，都会导致问题升级。但是，不管哪一种方式，你都不可能通过争吵来赢得胜利。

要避免这种情况！请记住：避免战争最简单的方式，就是把他想要拉进来一起战斗的同伙排除在外。因此，当你听到的解释是“那不是我！每个人都在说话呀！为什么你总是盯着我”的时候，那么下面的常用回答方式是很有用处的：

- 是你自己做出的选择，到此为止吧！
- 如果你还有什么想解释的，稍后再来处理这件事。放学后来找我，我在办公室等你。
- 我不想和你就此事争论，因为这样做会使我们看起来很愚蠢，也会耽误其他人学习。如果你还有什么话说，可以在下课来找我，而现在，请你继续你的功课。

- 我现在只处理我看到的事情，就像一个足球裁判员一样。对不起，事情先到此为止！

补充阅读

这部分将阐述如何建立合理的“后果”措施。

为了制定一系列适合在课堂上应用的“后果”措施，首先要区分警告和处罚。这种重要的对比将对我们的行为方式和应用效果产生重要影响。

二者的主要区别在于意图不同，警告的目的是以一种相对温和和宽容的方式让学生学到教训。我们想让学生做出更好的决定，而某种程度上，恰到好处的警告比简单的处罚考虑得更加周到甚至更加宽容，在更大程度上它会造成不便而不是带来伤害。不过造成不便并不意味着一味的宽容。我们关注的是将“后果”措施贯彻到底的确定性而不是伤害的程度，但是我们仍需坚守和强化这二者间的界限。

处罚的目的往往是嘲笑、令人尴尬或蒙羞，甚至造成伤害，而几乎不会考虑是否有更好的处罚措施。处罚不能促进或引导良好行为的产生，只是告诉学生“不要这样做”，但既没有阐明如何以及为什么要采取恰当行为，也没有给出恰当行为的定义。

如果希望学生的课堂行为得到改善，就需要培养他们的责任感。通过处罚、奖励和“收买”这样的外部控制，只是简单地让学生暂时不做坏事。奖励和“收买”尤其如此。正如你即将从以下案例中看到的那样，我们可以用“后果”措施来教给学生责任和担当。这种机制可以帮助我们告诉学生什么是期待的行为，同时又不会招致受罚学生（以及其他同学）认为自己受到不公平待遇而报复。

现在让我们通过一个公式来看看一些合理的“后果”措施：**恰当的措施=行为问题+限制后续问题发生**。

一般情况下，合理的“后果”措施往往会从根源上避免或控制问题的产生。以下案例是基于这个公式设计的一些符合逻辑的“后果”措施，与行为问题相对应。

● **案例1：滥用设施——短期内禁止使用**

“别在椅子上晃来晃去，如果你再这样做，我就把椅子拿走，那样你就只能在地板或者讲台上坐10分钟了。”

“你知道学校不能戴帽子的，请把帽子放进你包里，否则我就把它放进我包里，放学后再还给你。”

“把你的耳机收起来，否则我就把它们锁进柜子里，放学后才能拿出来。”

● **案例2：浪费时间——用其他时间补上**

“维琪，你上课迟到了3分钟，其他人走后3分钟你才能离开。”

“西蒙，你浪费了5分钟的上课时间，休息时间的前5分钟把它补上。”

● **案例3：失当行为——花时间练习恰当行为**

“丹尼尔，已经告诉你不要在走廊里跑来跑去了，你需要花点休息时间练习走路而不是跑步。”

“你们5个人都花了很长时间才安静下来排队，休息时间来我办公室，我们花10分钟练习一下应该怎么做。”

● **案例4：和其他同学一起捣乱——将他们与同龄人分开**

“你们的行为表明自己没法在团队里好好学习，那就坐在我旁边学习10分钟吧。能做好的话，我就让你们回到小组里，我会定好时间的。”

活动开展

活动10：符合逻辑的“后果”措施

请列出以下行为的恰当处罚措施。

失当行为	惩罚或警告
乔尼受到警告后，仍然在课堂上浪费时间。	
乔尼上课迟到了5分钟。	
乔尼受到警告后，仍然在走廊里跑来跑去。	
乔尼上课戴着帽子。	
乔尼在椅子上晃来晃去。	

（续表）

失当行为	惩罚或警告
在小组活动环节，乔尼一直在捣乱，已经警告他如果继续捣乱就跟其他成员隔开。警告的原话是：“乔尼，你一直这样捣乱，小组成员们很难完成任务。如果你没法坐在位置上完成，那就独自坐在最前面。”	

活动11：创建阶梯式“后果”措施

上面的内容分析了阶梯式“后果”措施的益处，并列举了课堂运用的相关例证。这个活动将培养你用循序渐进的方式建立“后果”措施的习惯，这样即便学生在初次警告后仍然继续着失当行为，你依然可以控制住课堂局面。本活动成功的要诀在于从最轻微的失当行为开始设立对应的处罚措施，以便每一种失当行为都有相应措施可供选择。

请为以下行为问题创建一系列阶梯式的“后果”措施。注意：请暂时不要在“注意事项”一栏填写任何内容——你将在后面的练习中添加信息。

- **问题1：学生言语不当**

警告：

____

____

注意事项：

一级处罚：

注意事项：

二级处罚：

注意事项：

终极处罚：

注意事项：

● 问题2：你经常在课堂上面临的问题

警告：

注意事项：

一级处罚：

注意事项：

二级处罚：

注意事项：

终极处罚：

注意事项：

活动12：实施处罚

运用以上内容仔细思考，如何在避免产生冲突的情况下有效实施处罚。请将实施处罚的有关说明填写在活动11的“注意事项”一栏中。

活动13：抵触行为和顶嘴

教师的处罚很难不引起学生的抵触行为，比如懊恼的学生为了和教师一争高下而做出的嘀咕、抱怨、辱骂及其他行为等，这些行为在实施处罚时尤为常见。

本活动中，你将习惯采用统一做法来应对这些行为，并确保你的应对措施不会引发学生进一步的抵触。

这一应对措施的主旨是：“结案”。无论你在这个时候说什么都应该力求简洁、表达客观，同时告知学生你已处理完毕。不过在公平和适当的情况下，学生也可以在稍后的空闲时间里与你讨论此事，视情况而定。

当学生试图以无礼的方式迫使你参与争论时，你可以用这样的开头有效回应：这可能是对的，但是……

例如：

学生：“你的课糟透了，作业也很无聊。”

老师：“这可能是对的，但现在你需要完成你该完成的任务。至于如何使课堂更有吸引力，你可以下课来找我提建议，但现在，先完成你的任务。”

请运用上述观念，写下你对下列学生言论的回应。

这不公平！	
你为什么总是挑我毛病？	
太蠢了。	
是她先开始的，不是我，你也应该惩罚她。	
凭什么说是我干的？	
我要去告诉校长！	
史蒂夫这么做的时候，你怎么不管？	
我讨厌你。	
为什么要小题大做，至于吗？	

第五章

建立良好的师生关系，不吼不叫管好纪律

> 学生们面对能与他们和睦相处的老师，才能积极地响应，才能更加努力地学习而且行为也会更规范。

教学策略

良好的师生关系是有效课堂管理的关键。

有些老师告诉我，他们没有时间与学生培养感情，他们的工作只是教书，而不是去喜欢他们。他们每周要面对300多个学生，因此根本没有机会认识所有人，而且有太多的案头工作。我对此深表同情，过去我也曾经这样认为。我知道在这样的情况下老师的压力会有多大，因此我给出的最好答案就是“为什么不建立良好的关系呢？”从长远来看，这样做的结果实际上是在帮你节省时间，从而让工作变得更加轻松有趣。

几年前，我在一位朋友的学校结束培训后，与他谈了谈。他（让我

们就叫他约翰吧）给我讲了一个他们学校老师（为叙述方便，我们暂且叫她珍妮特）的故事，她那个时候正痛苦地与一帮特别难对付的学生战斗，她没办法让他们在教室里安静下来。

约翰是珍妮特所在部门的领导，约翰经常会路过她的教室，看到她在教室里竭尽全力维持纪律。他告诉我，有那么特别的一天，他碰巧又从珍妮特的教室外边经过，那时候她正好在教育一帮最让她头疼的孩子。很显然，这些孩子当时已经完全失控，声嘶力竭地大叫大嚷，根本不理会珍妮特要他们安静下来的指令。约翰一般是不会干涉别的教师上课的，但是这次他感觉到情况正在变得越来越糟，因此他走进了教室，用很平静的语气对学生们讲了几分钟的话，而并没有提高他的嗓门，教室里的喧闹声慢慢地降低了分贝，学生们都回到座位上面对着珍妮特，带着愉快的笑脸，进入学习状态。

约翰平静地离开了教室，继续完成其余工作，并没有把这件事情放在心上。但在那天学校的工作结束之后，学生们都离开了学校，珍妮特在员工休息室里找到了约翰。“约翰，你是怎么做到的？你到底是用了什么办法如此轻松就让那群活猴儿安静下来的？”她问道，“他们对我所说的任何指令都不执行，而对你的安排却服服帖帖，而我花了整整一堂课的时间和他们战斗。你做了些什么？到底是什么呢？有什么秘诀吗？”

我可以确信，她并不希望约翰给她一个简单敷衍的回答。她想要的，是一颗百发百中的魔术子弹，一种攻无不克的神奇战术，一个可以给予指示的新方法，一套神秘的手语，或者是一条放之四海而皆准的法则。但是我希望她能够理解他所说的话语中蕴含的力量，也希望你们能够这样做，那才是无价之宝！那是一个独一无二的、任何教师都可以掌握的重要工具，它可以使你达到这样令人羡慕的境界，原本那些最令你头疼的学生都发自内心地尊敬你！

“这儿可没有什么魔术！”他说，“归根结底就是一句话：我了解这些孩子们，我曾经在他们身上花费了时间。我支持他们在周末来学校里踢足球，我和他们在教室的走廊上聊天，我不时地与他们的父母通电话沟通，我还拜访过他们的家庭，带他们去郊游，并且很多午餐时间里我都和他们坐在一起。我办公室的门经常对他们敞开着，他们知道如果犯了什么错，可以直接进来找我，只要我有时间，我会尽力帮助他们。”

我举双手赞成我朋友的所作所为，在成功的课堂管理当中真的没有什么“魔术”存在，顺利开展所有工作的基础，就是你要和学生建立一种积极的关系。基于这个基本观点，我会提供一些策略来丰富它的内容。

焦点问题

1. 第五章“建立良好的师生关系，不吼不叫管好纪律”中快速建立积极关系的两点必备要素是什么？

有两种方式：让孩子们感受到我们对他的关心，并且经常和他沟通交流。

如果你反思一下你生命中的重要关系——和你的配偶、你的朋友、你的家庭，就会发现这是千真万确的。如果你不能经常和他们交流，就很难维持积极健康的关系。我们绝大多数时间都是通过不断的说话保持联系（比如面对面交流、手机和视频聊天等），或者是写下一些文字（文章、信件、发朋友圈、电子邮件等），我们通过关心别人的情绪变化、举手之间帮助每一个人、一起做喜欢的事情、分享美好的故事、送上小礼物、在学校里一起吃午饭等行为，表达我们对他们的关爱。

2. 你与学生经常沟通的决定性因素主要是什么？有哪三种方式可以促进师生间的沟通？

所有关系的核心是沟通交流，而沟通交流的关键是了解。如果你和学生们说不上话，那么你不可能真正了解他们，而你越不了解他们，那你与他们的话题就越少。很显然，我们需要一个他们真心愿意与我们交谈的合适的话题，第一步就是要找出他们偏好和热衷的事。如果我们能够说出一些真正能引起他们兴趣的事情，就能创造更多的机会让他们愿意与我们交谈。

- **请他们提建议**

当我们给年轻人机会来表达他们的意见时，意味着我们重视他们以及他们所说的话。因此，当我们不知道该怎么样打开话匣子的时候，最简单的办法就是询问他们自己的兴趣和观点，允许他们自由发挥，选一些他们了解的主题。

当谈论到与你个人有关的问题时，要确保学生的建议是按照你的要求，而非他们的个人观点。询问一名学生对你新发型的看法可能会使你看起来有点可笑，而请她们为你推荐一个不错的理发师就可能不会造成这种情况。

● **询问他们的爱好**

如果你想要增加某个人对你的好感，最好的办法就是尝试让他们帮助你。下一次当你努力尝试和某位学生建立联系或者是希望他能对你敞开心扉时，你可以请他们帮你解决笔记本电脑的问题，搬运那些比较重的设备和书籍，为你推荐书籍。

● **称赞他们**

利用好每一个赞扬学生的机会，我们可以在赞扬中加入三条信息：

（1）加上名字，使赞扬看起来就是针对他个人的；

（2）告诉他们你为什么要赞扬他们，增加赞扬的可信度；

（3）以开放式结尾的问题形式来结束赞扬。

“嗨！汤姆，我挺喜欢你的鞋子！我儿子下个星期要去参加面试，他也想有一双类似你这样的鞋子，你这双鞋子是在学校附近买的吗？”

“嗨！汤姆，我听说你在星期六的比赛中表现得非常好，史密斯先生跟我说你的防守太棒了，另一队的表现怎么样呢？”

3. 你可以与学生分享哪种新技能以增强他们的能力并获得他们的信任？

我们可以通过赋予学生们克服困难和缺点的技能来展示我们的关心，我经常使用一个很少甚至可以说是从来没有交过作业的孩子的例子，真的只有向他们咆哮才能帮助他们纠正不良行为并完成作业吗？那会不会是因为学生缺乏技巧而给老师造成了缺乏努力的印象，而不是纯粹的好斗？

那些经常破坏规矩或者是看起来不愿意服从规矩的学生需要的支持和教育总是比其他一般的孩子更多。花一点时间教这些学生时间管理的技巧，或者是保证他们能够充分地理解功课并完成它们，会比扣留他们在教室完成功课显示出更为深层的关心，甚至能够帮助他们准时地完成并且上交作业。

4. 你对学生有什么期望？你如何向他们表达这些期望？

1968年，罗森塔尔和雅各布森进行了一项著名的研究，结论就是教师的目标期望对学生的智力发育水平有正向的积极影响。我们心中对学生所怀有的期待和信仰对他们也能产生不可思议的影响。

要利用好这种效应，那就得给你的学生贴上积极的标签。尝试将他们（甚至是那些最让人头疼的学生）全都看作“优等生”“成绩优秀的”或者“喜欢你的学生”，这样你就会发现这让他们觉得自己也是积极阳光的（相应的行为就会随着观念的变化而变化）。不断地提醒他们是有能力的，是别人的榜样，可爱的，非凡的，对别人有用的，能够取得成功的和能不断取得进步的，这些暗示都鼓励着他们持续进步。

● 提供足够的帮助

我还记得在很多年前我教过的一名15岁的男孩，他的行为极其难以管理。我教他的第一节课，完全是一场从上课铃开始到下课铃结束的教室战争，他根本不愿意听从任何安排，上课完全游离在课堂之外，并总是试图摧毁整个课堂。

第二节课开始的时候，我在教室门口逮住了他，告诉他在别的同学进入教室的时候等我一下。他以为我是打算就他上次扰乱课堂的事情给予他警告或惩罚，所以当我说出下面的话时，他感到非常震惊："你知道吗？杰克！我不禁在想究竟出了什么问题，你看起来一点儿也不开心。我可不想你带着坏情绪来上我的课，我也不希望你现在的这个样子一直持续下去。"我面带微笑地看着他，他也抬起头来看我，我继续说："我觉得我的课对你是有帮助的，我希望你能够从中学到什么东西，请告诉我，对你来说我怎样才能把课上得再好一点呢？"

他沉默了很长时间，试着理解我的意图，然后他开口说话了，就像是打开了瓶塞一样。他告诉我，他看不清黑板，不能很好地阅读，需要佩戴一副眼镜，而一旦他戴了眼镜，同学会笑话他，还有就是他不明白课上在讲什么。他的行为其实是很多常见的消极情绪的后果，害怕失败和感到不适。

因为要开始上课，我们不得不缩短交谈，但是那一小段在教室之外的聊天却从此开启了我和杰克之间一段与众不同的师生关系。他现在视我为一位可以随时帮助他的人，而我看他不过就是一名遭遇了麻烦的孩子而不是"麻烦孩子"。我看到了隐藏在他的行为背后的不安，我开始给予他额外的帮助，他的行为几乎在一夜之间发生了翻天覆地的变化。他总是面带微笑来到学校，并且每次我问问题的时候他几乎都会举起手。从那时起，他在功课上投入的努力程度简直令人难以置信。

● 赋予每个人责任

通常情况下，那些对我们来说最头疼的学生往往都是拥有巨大领导潜力的人，他们的行为很大程度上源于对关注和权力的渴望，而他们强大的个性也通常使他们很容易变成受欢迎的领袖。赋予他们一些需要担当的责任，可以将他们的精力转移，不再试图通过不恰当的途径来表现自己、获取知名度。同样，对一位你这样的老师来说，也可以与他们结成强大的联盟。

承担责任的方式有很多种，从负责某种特定的仪器，管理及帮助更多班级当中的弱势群体（比如说那些受到欺凌的学生），到控制小群体的噪声或者是给学生们一个机会对他们自己的作业进行评分。

下面列举了一系列可能的教室工作和职责：

教师助理：选出一名学生当你的“跑腿者”（比如负责去找这个、找那个）。

黑板掌管者：职责是保持黑板的清洁以及周边环境区域的整洁。

课代表：如果你有自己的课程目标和课程指引，那你就可以指定一名学生为你在开始上课的时候将它们写在黑板上。

教室园丁：负责教室里的绿色植物的养护。

设备监护：每天都要保持教学设备的整洁和完好。

噪声控制（“嘘”者）：职责是保持一个有序的学习环境，并且让学生之间的交谈按照你所设定的轨道进行。

气氛鼓动：负责激励动作慢的学生，保持教室气氛的轻松愉快。

点名管理：负责点名和签到。

VIP：职责是欢迎新同学或者是班级来访者，也可以在第一时间内收集其他学生遇到的各种问题，VIP在课间休息时也可以拥有特别的权力。这个角色可以轮换，或者是以学习的努力程度来作为不定期的奖励。最近我工作过的一所初中学校里，VIP会穿上一件辨识度很高的马甲，就像一件制服一样，让别人一眼就可以认出他们，他们穿着它别提有多自豪了！

活动开展

活动14：开展问卷式的记录卡片调查

使用记录卡片可以缩短我们了解一个人的时间。不要忽略卡片的作用，它们会是和一些学生联络的非常有效的工具，特别是那些不愿意面对面跟你谈话的学生。

根据学生的年龄段和需求编辑一份如下所示的问卷，并在他们心情愉悦的时候发给他们。在你拿到他们完成的问卷后，仔细浏览一下答案，然后将主要的项目挑出来，即三到四种对他们来说最激动人心的事情，你可以把它们一一摘录下来，抄录到教师笔记本的第一页上。

这些零零碎碎的小事逐渐积攒起来就形成了海量的有用信息，你和学生之间所能交谈的话题也越来越多。

个人兴趣调查问卷

电视＆电影

1. 你在电视上看过的最好看的电影是什么？
2. 你在电影院看过的最好看的电影是什么？
3. 列举你最近看过的令人享受的三部电影。
4. 列举你最喜欢的三个电视节目。
5. 你更偏爱哪种类型的电视节目？（为以下类型打分，从1~7喜爱程度递减）

- 喜剧

- 肥皂剧
- 戏剧
- 动画片
- 音乐节目
- 纪录片
- 新闻

音乐

1. 你最喜欢哪种类型的音乐?
2. 你最喜欢的乐队是谁?
3. 你最喜欢的两首歌是什么?
4. 你最喜欢的MV是什么?
5. 在你去过的现场演出中，你最喜欢哪一场?
6. 你最喜欢看哪个乐队或者歌手的现场演出?

体育

1. 你最喜欢什么运动?
2. 有什么运动是你现在想去学的吗?
3. 你最喜欢看什么运动赛事?
4. 如果你现在有机会免费观看一场赛事，你想看什么比赛? 你想和谁一起去呢?
5. 你最喜欢哪个队?
6. 你最喜欢哪位运动员?

食物

1. 你最喜欢的主食是什么？
2. 你最喜欢什么水果？
3. 你最喜欢什么蔬菜？
4. 你最喜欢什么零食？
5. 你吃过的最好一餐是什么，和谁一起吃的？

动物

1. 你最喜欢什么动物？
2. 你有宠物吗？有的话，它是什么品种，你怎么称呼它？
3. 如果你能养一只宠物（任何动物都可以），你会养什么？

书籍/阅读

1. 你最喜欢的作者是谁？
2. 你最喜欢的一本书是什么？
3. 你会买什么类型的书？
4. 你更愿意读什么类型的杂志？

艺术

1. 你更偏爱哪种艺术形式？（为以下类型打分，从1~7喜爱程度递减）

- 绘画
- 涂鸦
- 泥塑

- 3D建模
- 海报制作
- 临摹

2. 你更想在学校学习或者创作哪种艺术？
3. 如果我让你画一幅画，你想画什么？

计算机

1. 你家里有计算机和打印机吗？
2. 你最喜欢用计算机做什么？
3. 你喜欢在网上搜索什么？
4. 你最喜欢哪个网站？你每周花在网上的时间有多久？

乐趣

1. 放学回家后，你首先要做的一件事是什么？
2. 你周末最喜欢做什么？
3. 你过得最好的周末是什么时候？你在做什么，和谁一起？
4. 你最喜欢的游戏是什么？
5. 你去过的最棒的游乐园是哪里？
6. 你最喜欢的游乐设施是什么？
7. 如果你有500块钱，你会用来做什么或者买什么？

活动15：发现学生的兴趣爱好

了解学生并发现他们的兴趣爱好，是建立关系进程中极为重要的一步。

你可以使用问卷式的记录卡片和建议箱（在讲台上放一个建议箱，邀请学生在下课后就自己的兴趣爱好等方面给你提供一些信息），你还能想到什么“鲜为人知”的方法去发现学生兴趣呢?

方法一 ______________________________

方法二 ______________________________

方法三 ______________________________

活动16：寻求建议的破冰式沟通

请准备一个快速主题列表，你可以向学生征求建议并以此作为破冰式沟通的手段。

1. ______________________________

2. ______________________________

3. ______________________________

4. ______________________________

5. ______________________________

活动17：提供帮助的破冰式沟通

请准备一个快速清单，列举你想要学生提供的帮助。

1. ______________________________

2. ______________________________

3. ______________________________

4. ______________________________

5. ______________________________

活动18：表达对学生的关心

请列出10种对学生表示关心的方式，你可以从学生的经济状况、健康快乐、人身安全和学习成绩等方面思考。

1. ______________________________

2. ______________________________

3. ____

4. ____

5. ____

6. ____

7. ____

8. ____

9. ____

10. ____

活动19：沟通的方法

除了与学生面对面交流，在沟通中你还可以如何向学生表达关心？试着想出至少5种方法。

1. ____

2. ______________________________

3. ______________________________

4. ______________________________

5. ______________________________

第六章

课堂上的正面管教

花更多时间去寻找和确认良好的行为，创建一个快乐和轻松的课堂氛围。

教学策略

要想迅速而有效地改善课堂表现，就应该寻找、关注和认可学生的优良表现，而不是将目光锁定在失当行为上。

我首先分享一个小故事，说明为什么我认为赞美是老师可以使用的最强大的转变策略。

在教了十多年的书之后，我于2006年第一次开始为老师们提供专业的课堂管理培训，虽然我对自己刚刚成立的那家专门从事培训的企业充满热情，但同时也发现运营公司非常艰苦。

当我在高速公路上开车，或者是出国旅游的时候，我会花大量的时间考虑学校或其他企业培训的方案（其实我对任何形式的文书工作都没有太多的激情），可以说几乎所有清醒的时间我都在考虑如何设计培训方案，我一直努力地工作并逐渐使自己的业务在网上顺利地运行起来。

那段时间里，我把很大一部分精力花在我并不擅长的事情上，正因为如此，它最终使我倍感压力和无奈。想起来了吧？我想现在很多年轻人在学校里也是这样。那段日子里，我每天都会工作12~18小时，每周工作7天，周而复始永不间断，保证自己能够看清前方。

但是心中那种焦虑的感觉永远挥之不去，特别是面对每个月都要支付的账单，我就开始怨恨这些工作带来的烦恼。

几年后，我开始碰壁了。

在2008年，我的母亲被确诊为血管性痴呆，每个星期我都要从纽卡斯尔开车到坎布里亚去照顾和看望她三四次，其间我还要照顾我十几岁的儿子（对不起，我忘了说明，我当时是一个失败的单亲父亲）。另外，我的父亲罹患白血病和帕金森氏病，而我妹妹的第二次肾移植手术被否决了，只能够坚持透析保守治疗。这些事情充斥在我的头脑，只有三分之一的时间属于自己，培训预订变得零零星星，钱袋很快干涸。雪上加霜的是，那个时候我还被要求在英国南部举办培训，我只好每天在车里将就着睡上几个小时，而不是住到预订的酒店，一部分原因是为了节省开支，一部分原因是我可以驱车回去看望我的母亲。

不久后，我自己的健康状况也开始变得糟糕，我到了被迫放弃自己事业的边缘。很显然，我的重点是我的家人，所以我决定终止自己的生意。

过去几年里我曾全身心地投入到这桩生意中，现在要放弃它就像是砍去我的右臂。但是，我不得不为了我的家人和我的理智而放弃它。

我非常不情愿地写了一封电子邮件给我所有的客户说明情况，告诉他们我需要中止工作。他们当中的很多人都会在购买每个月更新的培训材料时支付少量的会费（这几乎是当时我唯一的收入来源），我收到的大多数人的回信都对我表示支持和理解。于是，我关闭了购物车，取消了网站下载。

在三四个月没有收入后，事情开始变得非常困难。有句老话说“你工资的三分之一都是从下水道里流走的”，相信我，老话自有道理！因为三个月后，抵押贷款和汽车贷款的警告信陆续送达，有人威胁要停我的煤气和电。有一次，我有将近两个星期没有在冰箱里放任何的食物，全靠朋友的帮助才勉强果腹。财务问题让我濒临破产，我发现自己更愿意躲在桌子底下，只要有人敲门我就担心是警察来了。这是一个极其艰难的时期，我真的觉得透不过气来了，没有能力鼓起勇气去工作。

现在回想起来，这些都已经成了点点滴滴的有趣故事（感谢您陪伴我坚持至今）……

几个月后，我又慢慢开始得到企业培训的邀请，继续推着自己往前走。但是，究竟是什么让我重新回到正轨，原因可能和你想的不一样。

这不是因为我遭遇到电力或煤气被切断的威胁，也并不是说我的车已被银行收回的事实，或者是我面临着无家可归的危险。威胁和惩罚并不能让我改变自己的行为重新开始赚钱（然而，我们是否经常威胁或惩罚孩子，认为这是让他们去做什么事情的最有效的办法？我们总是希望孩子能够按照我们的意愿行事）。

以我当时的情况，威胁并没有什么用处，因为我毫不在乎，我已经达到了极限，开始破罐子破摔：“把房子拿走好了，我真的不在乎。把车拿走，那也没关系。”我真的毫不在乎。再次强调一下，这其实是我们很多学生的心理状态。你知道年轻人的真正困扰是什么？他们真的害怕你的威胁或者留堂吗？“所以呢？你这样做，我根本不在乎！”这是一种要引起我们警觉的态度。当我们心态已经如此消沉、退无可退时，处罚将不成其为一项有效的激励措施。

是什么让我产生足够的动机回去工作？你可以参考我的故事，在课堂上与学生轻松地应用这种方法，它的效果与惩罚、惩戒和施压完全相反。几个月的时间内我收到了数以百计的电子邮件、信件和电话，我的客户告诉我，他们是多么想念我，他们认为我曾经给他们的服务是多么的完美，但是他们尊重我的决定，首先应该把家人照顾好！我发出的邮件包括我的培训改变了他们的教学方式，从中我已经间接影响了数百名学生的学习和生活。

我得到的帮助同样令人难以置信。现在我常常回想起那时候他们给予我的关心和同情，让我也能以同样的方式展现给完全陌生的人。更让我感动的是，有几个好心人甚至提出要来我家，帮我照顾我亲爱的母亲！而他们与我的关系，仅仅是我每周给他们发出的几封电子邮件。那时候，还有类似的其他联系人也对我施以援手，这一切给了我巨大的动力。现在，请你明白，我不是在自吹自擂，我只想让你们理解：积极的反馈和支持拥有的巨大力量以及它们可以带来的美妙效果！

现在你明白了吧，积极的赞美在情感层面上的作用远远超出了达到目标或者是显示进展，它直接触及灵魂深处，这就是为什么它可以短时间引起人们的深刻变化。它具有真正的力量，会产生正面情绪的连锁反应，进而促使学生做出积极选择。

焦点问题

1. 有哪些方法可以确保你的赞扬发自肺腑而不是敷衍之词？

“你做得很棒”“很好”“噢，太好了”这一类话，你可以在每一个教室门边听到。当然这也是一种积极的表达方式，但是，有些时候听起来过于苍白无力。那我们应该如何在教室里发自肺腑，源源不断而又自然而然地做出积极的评论呢？特别是当我们埋头于教学甚至无暇顾及与工作有关的其他事情时。

● 称赞学生的具体行为

真心的称赞，带来意想不到的效果。当有人把精力投入到某件事情中，或者已经成功完成了他们平常不会完成的工作时，你要真正地重视他们的努力，然后再描述他们做了什么。用经过深思熟虑的、专门的表述形式来证明你对他们正在做的事情非常地关注，这种方式所达到的效果绝对是“干得不错”无法企及的。

“汤姆，你最后10分钟一直都安静地坐着并完成功课。这非常好，因为现在你可以去帮助其他的学生，而我不需要再跟你说什么或者提醒你了。很棒！你已经证明了你可以独立完成这些！”

● 表扬不必等到任务完成后，在学习过程中肯定学生的努力

通过专注于过程中的努力，而不是最终的成绩，我们可以赞美那些即使最后仍然难免失败的学生，这是非常重要的。等待一个孩子在任务成功后再当面称赞他们，意味着你错失了无尽的机会。要随时鼓励他们

继续努力前进！因为承认他们的努力，以及帮助他们继续坚持对他们来说至关重要，更可贵的是这样的支持可以帮助他们克服或避免挫折感。

“汤姆，你在这方面做得真的很好。迄今你所做出的成果正在积累，只要保持下去，那么你可以在任何时候解决类似的问题。”

● 发自内心真诚地赞扬

真正的赞美来自内心，每个孩子都能敏感地察觉到是谁试图用虚伪的正面评价敷衍他们。

这意味着你必须具备高度的敏锐性，察觉学生身上的那些微小的积极的进步。有的甚至只是朝着正确的方向走了几步而已，即便如此，也值得我们关注。我们必须记录那些时刻，因为当我们这样做的时候，就有机会让他们不断重复良好的行为。

● 注意：赞扬往往在一对一的基础上更加有效

有些学生（令人惊讶的是他们所占的比例还很高）不喜欢在别人面前受到赞扬，因此你应该更多地选择一对一的私下场合赞扬他们。在他们进入教室上课之前单独跟他打招呼，在课程结束时或上课期间都可以。只需要花费很短的时间交谈，甚至30秒钟就足够给他们一些真诚、由衷的赞美了。

● 通过赞扬帮助学生反思自己的努力

通过让他们在做事的过程中稍稍停下来回顾自己的努力，我们可以鼓励他们体会和评价与积极行为相关的感受。如果他们喜欢这种感受，那么就有更多的机会让他们重复良好的行为和习惯，为了他们自己，而不仅仅是为了取悦别人。我们能做到这一点的方法之一是简单地问一个与他们的努力相关的问题：

“嘿，汤姆，现在一切都已经走上正轨，你已经解决了那么困难的问题，感觉怎么样？你是用什么办法来解决这个问题的？你现在是否认为你可以使用这些相同的办法来解决你下一次将要面对的类似问题？”

2. 在课堂上如何对表扬方式稍加修饰以达到更好的效果？

● 连带赞美

连带赞美依赖于“连锁反应”，你赋予个别学生的积极感受会在教室里传播和扩散。其他学生得到的信息是，如果他们以类似的方式表现的话，他们也将得到积极的关注和赞扬。

● 间接好评

间接赞美是承认学生的优点、能力和努力的一个重要方式，你不需要直接对他们说些什么。通常情况下，老师对其他人提及学生所做的好事情可能比当着学生本人的面说更有影响力，也更容易为学生接受。这样做有两种方式。

第一种方式是跟一个学生谈话时赞扬另外一个学生。

“你去看看汤姆怎么处理这个问题，他在这一点上反应特别快，你可以从他身上学到很多东西。”

第二种方式是当着其他老师的面表扬一名学生。跟另一位教师交流学生的努力和能力的时候，也要让学生能够听到，但是你要装作不知道他们在听。学生如果发现其他教师在交谈中对他们做出积极的表扬，总是会很开心的。

“史密斯先生，你有没有看到汤姆今天上午的表现？老实说，这孩子通过努力取得了如此之大的进步，真令人难以置信！”

● 书面表扬（学生的最爱）

从经验中我发现，给学生的家里寄去一封积极肯定的信件，或与家长通一个简短电话，是学生们最希望通过努力得到的回报。这种方法对所有年龄组的效果都很好，可以迅速改变先前态度消极的孩子，让他们变成一个更为积极、渴望快乐的孩子。它对那些不喜欢在公开场合接受表扬的学生来说，同样非常有效。

寄给家里的信可以是快捷的便条，当然，如果你用印有学校名字抬头的信纸写信会显得更正式。对那些一贯保持努力的学生，你可以简单地给他的父母寄出一张明信片来表扬他们某项表现出色的工作，或者你也可以写一封“非常特别”的信件。我发现通常情况下，预先在便条上印制“赞扬”的形式不太真诚，你最好还是使用自己手写或打印的、个性化的信件。而且为了提高写信的效率和让日常工作保持轻松，最好的办法就是保存一个类似的信函模板，以便随时可以打印信件。

● 来自学生的赞誉：“你太棒了”表格

青少年往往很难直接说出他们对别人的感受，所以他们更愿意选择匿名的方式写评论。要打开心灵，坦诚地表达自己真的很佩服对方，文字的方式确实比口头的方式更容易让人接受。说出的话往往很快就被遗忘，而书面意见可以保持很长一段时间。

小组成员可以围坐在一张桌子边，人手一份复印的“你太棒了”表格，它包括简单的提示“你是一个伟大的团队成员，因为……”通过填表这种方式，每个团队成员都轮流给其他的团队成员写下一条积极的评语，然后把纸折叠起来（可以起到保密的效果）传递给另一名学生。这样一来，每个学生都会收到来自三个或四个同学的鼓舞人心的评论，这些评论突出了他的不同特质和特殊技能。

3. 从长远来看，向学生提供物质奖励的主要挑战是什么？

在学校最常用的激励策略通常包含某种形式的奖励程序。一般情况下，当学生们在一项工作中取得进步或者总分不断提高时，分数奖励和预先安排的奖品是最常用的奖励方式。遗憾的是，这些效果总是短暂的，因为对于很多学生来说，这些程序都只是辅助性的手段，学生们难免会因这些“套路”或者是预先设定好的奖品而感到无聊或是失望。对于许多学生，奖励并不是一项长期适用的策略。

奖励计划的一个主要问题是，它无法兼顾那些没有能力或技能完成指定任务或满足学习目标的学生。在课程中我经常许诺一些现金奖励，试图让学生们完成一系列看似在家里不可能完成的任务。如果他们设法完成处理一系列问题，我们就对参与者不断增加现金奖励。但是如果他们做不到这一点，不管他们有多么想拿到奖金，也不管我把奖金增加至多少，都没有什么区别，他们无法完成任务，因为他们不具备必要的知识。因此你要明白：如果学生缺乏必要的技能，奖励永远无法正常生效。

另一个与奖励有关的问题是，它们可能会分散注意力。如果奖励成为学生的目标，学生对任务就会失去兴趣，也不可能因为完成了任务而获得成就感，并从中获益，任务本身已经对他们失去了吸引力。另外，当一个学生变得执迷于某种动机的时候，他们会完全依赖老师或者是能给他们奖励的人的看法和观点，因此他们的独立性就不会得到提高。这会给年轻人带来错误的引导，他们一心只做那些对他们来说有回报或者有物质奖励的工作：“当然，我会做你所要求的工作，但是这对我有什么好处？你打算给我什么奖励？”

4. 如何通过个性化的奖励有效鼓励学生？你还有哪些好办法？

我们可以比仅仅依靠“贿赂”做得更好，而不是完全靠提前预支的承诺来驱动学生们完成一个可以达到的目标。让我们来看一个使用个性化的奖励进行驱动的方式，要发自内心地、不时给他们带去惊喜！

下面列出的这些个性化奖励，比起那些昂贵的实物奖励来说简直微不足道。在一些学校的奖励体系中所提供的奖品还会包括文具、购物优惠券等，只要时机恰当、方法适宜、使用明智，它们同样可以对学生产生积极而深远的影响。

- 使用老师的办公桌；
- 在午餐的时候排在队伍的第一个（甚至还可以提名一个朋友）；
- 教室里的工作，如照顾动物、分管材料、浇灌植物、点名登记、管理黑板等；
- 与教师（或班主任）共进午餐；
- 使用特定的材料或设备，比如特殊的笔、纸、计算机程序等；
- 带领来访者在学校各处参观；
- 在教室里帮助那些年龄较小或能力较差的孩子；

- 帮助图书管理员；
- 邀请另一个班级的朋友到本班教室吃午饭；
- 晚上带一个班级游戏设备回家；
- 可以得到一个教师办公桌上最喜爱的毛绒玩具或者班级吉祥物；
- 使用沙发或豆袋椅；
- 担任游戏的领导者；
- 设计并进行一次展示活动。

活动开展

活动20：创建一面赞美墙

尽管赞美学生有很多益处，但要在承担全职教师的责任与赞美学生之间保持平衡是很难的，一种对学生良好表现或优异成绩表示认可的方法就是创建一面赞美墙。你可以给它取任何名字——在我的课堂上，它被称为“名人墙”，但实际上这只是一个公开赞扬学生的地方。注意：有的学生可能不喜欢公开表扬——至少是不喜欢一开始就公开。可以让他们选择：要么在赞美墙上匿名表扬他们的表现或努力，要么私下表扬。一段时间后，他们可能会非常渴望自己的名字能够公开，并得到应有的赞美。

要制作这个板块只需要教室的一片空墙即可，你可以让学生写个更大气时髦的标题来装饰墙面。接下来就是分享了：当你注意到学生做了一些好事，如帮助他人或仅仅是值得口头表扬一下的小事时，你就可以记录下来，并把学生的名字写在墙上。

赞美墙可以根据需要随时更新，此外，还能让学生们有一个可以认可同学努力的地方。这个板块的不断更新有助于迅速建立强有力的支持型、关心型课堂环境。

活动21：适当奖励

请结合上文中提到的各种奖励的方法，并结合学生的实际情况和教学情景，在下表中填写你的建议。

课堂特权	特等奖和奖杯	与作业相关的奖励	旅行和游玩

活动22：有效表扬

请阅读以下场景，并提出合理有效的表扬方法或奖励措施。

塔米和艾米一起学习了一上午，其间塔米分享了自己的解题方法，并帮助艾米解决了一些复杂的问题，这让艾米出色地完成了作业。	

（续表）

朗达有在课堂上捣乱的习惯，于是你决定让他每堂课后收发材料。你惊讶地发现，朗达在整堂课上一直表现得很积极。	
丹尼是一个爱惹麻烦的孩子，但他一直在帮助一个男孩。你注意到，当其他孩子都在欺负这个男孩时，丹尼已经与他建立起深厚的友谊。	
一天，莎拉一反常态地一直在课上发脾气，你注意到，在和她沟通完课堂表现和家庭情况之后，她终于平静下来了。	
进入教室时，你看到汤姆主动清理了前一天的垃圾。	

第七章

改善课堂纪律，从教室门口开始

良好的课堂管理开始于教室之外。通过在门口营造一个平和而温馨的氛围，可以为接下来的课程定下平稳运行的基调。

教学策略

课堂管理从教室门外开始。

如果一群嘈杂而失控的年轻人进入你的教室，前呼后拥、你推我搡、鸡飞狗跳地乱作一团，那么你将花费大量的时间让他们安静，然后才有可能让他们进入准备学习的状态。更重要的是，从心理学的角度来看，当他们在进入你的教学空间时感觉到自己具有控制权，这对你是很不利的。一旦建立这种不平衡的状态，你就很难重新获得教室的控制权，而这正是那些在困境中挣扎的教师所面临的共同问题，学生将完全忽略这个老师，认为他根本无法管理他们。

因此，对付真正麻烦的群体并取得成功的一个重要步骤，就是要在教室门口就采取控制措施，而在这个问题上，你所采取的方式至关重要。在我从教之初曾经教过一个班级，它让我几近崩溃，尽管使尽浑身解数却仍然感到无能为力。在教室里，如果他们没有按照我的要求去做，我就朝他们大声喊叫；如果他们还是不听我的要求，我就只能不断提高音量。最后，我已经到了声嘶力竭的地步，而那群孩子却无动于衷地漠然地看着我。

所以，你不能仅仅通过这样的发号施令来取得控制权，然后还奢望他们会像训练有素的军人那样立正站好。而在他们面前大喊大叫，只会给学生更多的理由来怨恨你。它给那些喜爱争论的学生回击你的理由，它让你在对抗中处于不利的地位，传递出你已经失去了教室控制权的信息，同时，它也会使你的血压在激动亢奋中飙升。

没有谁能够从你的大喊大叫中得到好处。你对年轻人使用的任何一种攻击性的方式（甚至皱眉也可能被部分学生视为充满敌意的行为），都将会在他们走进教室前就营造一个“他们与我们”的对抗氛围。在这种消极情形发生时，几乎毫无疑问，上课将成为一场战斗。

所以，一个爱制造麻烦的团体需要一点点地逐渐安静下来。然后，一旦处在放松的状态下，他们会更愿意倾听，而你也可以有更好的机会，告诉他们怎样做才能比他们目前做得更出色。

焦点问题

1. 应该花多长时间让学生在教室门口平静下来？

在门口让学生们安静下来，永远不应该成为一种游戏，那样学生就会牵着你的鼻子走，原因就是你对他们太过“仁慈”。正如你所知，一个制造麻烦的群体可以把老师耍得团团转，最终整个场面失去控制。所以，如果和学生在一起聊天的时间持续得太久，你自己就会受到伤害，这个群体将变得越来越热闹和难以控制。为了防止这种情况发生，你花费在教室外的时间最好控制在1~2分钟，然后你就可以像漏斗一样“放”学生进入教室了。

注意：试图在教室门口跟一群嘈杂的学生说话或引起他们的注意是非常困难的，而如果你不去管他们，你会直接丧失威严，最好的方法是把重点放在爱说话的小团体和个别学生身上。但我们不要点出那些尚未安静下来的学生的名字，一定不要对个人进行指责，因为你在点名批评或羞辱某个学生的时候，你就已经把自己置于争端之中了。与此相反，我们可以提出一般性的观察意见（“还有几个人在说话和做小动作”以及“现在我们只是还在等待很少的几个人了”），或者给予温柔的正面提醒（“只要每个人都安静下来，我们马上就进入教室”）。

2. 在教室门口和学生聊一会儿有什么好处？

花费短短几分钟的时间，在走廊上和你的学生进行交流和沟通，可以帮助你在确定本节课的正确基调上迈出一大步，并且真正帮助学生做好准备。重要的是，这会让他们感受到你在他们出现的时候既是轻松愉悦的，也是拥有绝对控制权的。

能够真正融入学生群体之中以及让某个学生对你敞开心扉是很困难的，特别是当你们之间的关系还不够成熟的时候。但有一件事我要建议你：务必掌握建立积极关系的工具（在第五章我们谈到过）。这让我想到了我的第一个教学导师的建议：努力走进学生的世界。观看他们喜爱的电影和电视节目，听他们爱听的音乐，并对主宰其世界的其他所有事情显示出兴趣。这样，你就可以投入到或者是发起各种有效的和激动人心的对话主题，就像那些热播的电视节目一样。

与学生在门口花上一两分钟交谈的另一个好处是，你能提前发现那些滋事者和可能会遇到的问题。

刚刚在操场或走廊上争吵过，把所到之处搞得乱七八糟，那些多动的、烦心的、爱恶作剧的学生极有可能在课堂上继续这些行为，除非你事先对他们采取了预防措施。只要我们肯多关注，那些潜在的问题是很容易被发现的。那些不愿意脱去外套或者摘掉围巾的学生，那些挤在一起窃窃私语的小团体，那些对我们指指点点咯咯地笑着的学生，还有那些在使用手机的学生，都值得我们关注。当你发现了潜在的问题时，请务必在学生进入教室之前就解决，因为如果他们进入教室后还有悬而未决的担忧，那么几乎可以肯定将会导致秩序问题并扰乱正常的课堂流程。

活动开展

活动23：非对抗性表达

当你希望学生行为得体时，就采用非对抗性表达。

一种不错的办法是提前想好期待在教室门口看到的学生表现，同时考虑如何表达才能对此进行强化和鼓励。在下面的方框中至少写下5个可以对学生使用的非对抗性语句。

活动24：非正式聊天

在学生进入课堂之前，与他们随便聊聊。你会在教室门口问什么样的问题，谈论什么事情呢？请将它们写在下面的方框里。

活动25：走进学生的世界

教学是否有效取决于沟通是否到位。要想与学生进行沟通，就必须走进他们的世界。紧跟流行文化的步伐，会让我们和年轻人之间的联系更加容易。这个活动的目的是让你更加熟悉学生可能感兴趣的话题，并设计出可以将这些话题整合到教学过程中的方法、方案。请运用学生流行文化的具体例子完成下表。

注意：如果首先完成上面第五章中的练习，这个活动会容易得多。

可供探索的话题	将话题融入教学的方法

第八章

座位计划

当你面对一个存在行为问题的班级时，一份经过深思熟虑的恰当的座位计划是不可或缺的工具。

教学策略

减少行为问题和提高学生课堂参与度的重要工具是座位计划，其最佳方法之一就是让学生分组就座。

我依然记得在我职业生涯的早期，那些成天和我讨价还价要换座位的“问题学生”。每一次，当我在上课开始之前刚刚确定了新的座次表时，他们就开始抱怨并与我争论为什么他们不能和自己的朋友坐在一起。如果我不按照他们的要求调整座次表的话，他们就会没完没了地纠缠下去。和很多老师一样，我也不想面对这样的冲突和矛盾，我的课堂总是陷人混乱。

但是最终，通过我的坚持以及强行地实施我的座位计划，不去理会那些“但是我不喜欢这样，所以……”以及“我不想和他/她坐在一起”之类的抱怨和哭喊，我反而很快地发现他们的行为取得了很大的进步。不出几天，我的班级就会安定下来。学生们习惯了新的座位，更重要的是，他们开始明白我才是教室中起主导作用的那个人。

焦点问题

1. 将学生分成若干合作学习小组的具体方法。

组建合作学习小组显然不是让学生们按字母顺序排列成一排那么简单。下面这个简单的方法还是很有用的，你只需要一份根据能力水平排序或者加上某些特别注释的班级名单。

为了使这一过程尽可能简便，我们的能力排序只有低、中、高三大类。我们可以建立班级学生电子数据库，也可以用纸，甚至是下班后在快餐厅吃饭时随手可得的纸餐垫的背面完成。

接下来，在彩色便笺纸上写下学生姓名（一张便笺写一个学生的姓名）。中等能力的学生可以分为两组，所以你一共有四组学生。能力强的一组用一种颜色的便笺，能力弱的则用另一种颜色，剩下两个中等的组可以写在同一颜色的便笺上。

现在开始抽签分组。你可以从四组不同颜色的便笺中各随机抽取一名学生，把它们放在一起组成一个小组，并汇总到一张班级大表上（可以是一张大纸或卡片）。受益于便利贴可以反复使用的特性，每个人的标签都可以很轻松地从这组移动到那组，直到获得最满意的分组方案，最后完成的分组名单可以张贴在教室显眼的位置展示给全班同学。

关于性别的说明：分组不能确保在各个小组中男生与女生比例均等，但要尽可能避免小组中出现一个男孩、三个女孩的情况（反之亦然）。这种分组通常导致特立独行的那个孩子被孤立，最好的方式是在尽可能多的小组中安排两个男生和两个女生，而剩下的如果不好安排，就可以考虑编组时都是同一个性别的方式。

2. 如何处理部分学生对座位计划不满的问题？

我希望你在事先就对控制那些“吵闹班级”有所准备，明确其中主要的准备环节包括：设想可能会出现的课堂问题，准备好应对措施，并进入“战备”状态。调换座位带来的反应是无法回避的，学生难免会抱怨新的座次表。所以，你可以采用如下方法来应对：

一开始的时候就要告诉学生们：我们都喜欢和自己的朋友坐在一起，但我希望你们能够执行我的计划。现在请写下在这个班里你觉得可以对你有所帮助的两个人的名字，可以是你觉得和他们坐在一起不会让你分心，也可以是在你遇到困难时能帮助你的人。然后，我将编制座位计划，确保在可能的情况下，你至少可以坐在这两个人中的一个旁边。

让学生把这些名字写在纸上，顶部则写上自己的名字。在安排座位时，提供一些有限的选择会比没有任何选择余地更容易让他们接受。

下一步，找一份可以显示这学期剩余课表的校历，告诉学生们只要他们能安静地学习并相互尊重，你会在几节课之后调整座位计划。这样一来，只要他们的行为得当，就会有机会开心地和自己的朋友坐在一起上后面的课。

3. 将学生分成合作学习小组的四大好处。

● 促进同伴间关系的发展

通过学生们之间的相互帮助最后达成学习目标或者其他共同的目标，可以让他们建立牢固的关系。伴随着社会意识的增长，学生之间的争执和分歧会大大减少。它的效果出人意料：眼看着那些曾经让你头疼的学生逐渐成长，并且也可以伸出援手帮助小组中的其他成员，那种感觉真是非常奇妙！

● 成绩差的学生可以获得信心和动力

由于与成绩好的学生之间的互相帮助，成绩差的学生可以参与到各种活动中，而不用担心他们缺乏必需的技能和理解能力。通过更积极地融入课堂活动中（不再总想着“溜号”或者是感到无聊或沮丧），他们不再轻易破坏课堂秩序。那些能力强的学生也通过指导和帮助小组成员而受益，他们对知识的理解更深入了。

● 节约了老师的时间

一旦学生习惯了这种合作学习的架构，他们就可以有效地自学和互相帮助。教师就可以从不断的帮助和关注中解脱出来，从而可以在学生有需求时提供更高质量的帮助，而不是把知识强行灌输给他们。

● 自然而然地培育社会技能

在团队工作期间，自我表达、决策、责任、义务、分享、倾听和冲突管理都会得到自然而然的实践，并在每一次合作过程中得到不断的发展。这样的连锁反应，可以使因为缺失这些社会技能而导致行为问题发生的可能性大大降低。

活动开展

活动26：四步排座法

请写下安排合作学习小组的4个步骤。

步骤1：

____

____

____

步骤2：

____

____

____

步骤3：

步骤4：

第九章

针对不同学生特点的分层式管理

让我们看看一开始就被拦在教室外面的那些学生吧，如何处理这些以不恰当的行为回应你的学生？

教学策略

分层管理有助于通过课前行动减少课堂行为问题的发生。具体来说，就是让大部分活跃的学生在教师轻松愉快的语气中有序进入教室，同时找到更需要关注的学生聊聊，并帮助他们解决问题。

使用过滤器法则分层管理学生。对所有学生下达排队的指令，然后告诉那些执行了指令的学生下一步要做什么，那些没有执行指令的学生下一步要做什么，再次对教室外的学生发出排队指令。现在回到教室，给教室里的学生提供一些简单的任务，帮助他们进入学习状态。最后告诉走廊外的学生，你不允许他们进入教室的原因并且提供给他们几分钟的思考时间，最后让他们回到教室。

焦点问题

1. 课堂上哪些关键词和短语可以让学生从“游戏时间”过渡到“学习时间”？

● **发出排队的指令**

最后几分钟里，你已经通过一些非对抗性的提醒和一般的闲聊，温柔平和地让学生们安静下来。现在，是时候发出一个冷静、清晰、正式的排队指令了：

“好，现在让我们开始！你们现在需要在（插入学生的名字）的背后排队，注意了，眼睛看着我这边，不要说话！”

你也可以加一个时间限制来让指令更明确：

“好吧，在我数到0为止时，大家必须站成一条直线，正对着大门，你们的左肩膀可以轻轻靠在墙边。开始！5—4—3—2—1—0！”

● **只对那些执行了指令的学生发出下一条指令**

“好的，你们可以来到队列的前面，你们已经做到了我的要求，谢谢！我要单独告诉你们下一步该做什么。”

然后发出非常明确的指示，告诉他们下一步该做什么。就像这样：“你们进入教室之后坐到指定的座位上。”

● **让他们走进教室**

让第一组学生迅速进入教室，但要准备好把那些跑向自己座位的人重新带出去，或者是那些推搡另一名学生的或者借机开始喊叫的等等。任何像这样表现的学生就是没有遵从你的指令，因此得直接告诉他们先退到教室外。同时，对那些表现得当的学生要有明确的认可。

“汤姆，请回来站到教室外边去。目前，我只让那些不推搡、不瞎跑、不叫喊的学生进入教室，坐到自己的座位上。其余的同学都做得不错。谢谢你们按我的要求做！”

经过这一过程后，教室外剩下的就是那些没有听从你的排队指令，或者是进了教室不听指令的学生。

● **重复排队指令**

下一步，对那些还在走廊和你站在一起的学生再次发出排队指令。你会发现现在准备好排队进入教室的学生比刚才多了一些，部分原因是他们看到已经有一批学生进入教室了，另一部分原因则是他们中的一些人确实需要一点额外的时间来理解你的指令。那么对于这批新进入教室的学生，你现在只需要重复步骤2和3就可以了。

2. 哪些热身活动有利于保持走进教室的学生的参与度？

一个安静的热身活动是学生们可以独立完成的简单任务，通常是无须提出问题，也无须额外的帮助或协助就能够轻松完成的任务。显然，如果你提供给他们的热身活动索然无味、缺乏吸引力、令人失望或望而生畏，那么孩子们要么会设法逃避，要么需要你更多的帮助。无论出现哪一种情况，都会占用你的精力或分散你的注意力。所以，你要给他们提供一些相对简单又能激发兴趣的任务。

3. 当你把一个学生单独留在走廊时，需要考虑些什么？

这是“智斗”的开始，那些留在走廊里的学生是对你的指令充耳不闻的人，所以在这个阶段你可能会忍不住发脾气。你当然应该在这个阶段铁面无私，但喊叫和威胁显然不是最好的办法。

对待那些最具挑战性的学生，你要像对待自己的孩子一般（正如别人希望和期待的那样），这样你的言行就不会过分，如果你没有孩子，你也可以想象一个你爱的人作为替代，或者你的宠物猫。

与前面的例子相反，对于在门口没有对你的指令做出恰当回应的学生，你可以这样说：

“汤姆，虽然今天我很想让你进来上课，但我现在还不能允许你进入教室，除非你能用行动让我知道你愿意倾听，并能按照我的指令完成任务。

“学校的规定告诉我，我必须在课堂上拥有完全的控制力。所以，如果我不能信任你，我就不能让你进去。你现在只能待在外面的走廊，直到你真的准备好遵照我的指令、完全按要求做。

“现在，我想让你知道，你并不是被关禁闭或遇到了什么麻烦——我只需要知道你会不会按照我的要求去做，所以我要把你留在这里，思考几分钟。我过三四分钟之后就回来，再次检查你。

“如果你已经准备好按照我的指示做事，你也可以直接进来。在此之前，请待在这里。”

最后一段话成功的概率几乎完全依赖于你所采用的语气和方法。如果你的语气太过严厉和不耐烦，听起来像是故意要给汤姆的生活增加麻烦，那么这段话就不会发挥作用。汤姆可能因时间所迫而心不甘情不愿地顺从，他也可能溜出走廊、擅离学校。出于这个原因，你在发出这样的最后通牒时，要尽量使用平静、理解的语调。

活动开展

活动27：分层管理法

请用自己的话简述分层管理法的6个步骤，从而帮助你进一步熟悉分层管理。

步骤1：

____

____

____

步骤2：

____

____

步骤3：

步骤4：

步骤5：

步骤6：

第十章

开始上课

> 任何课程的头5分钟，教师通常讲述本节课的学习大纲，因此开始一堂课的方式很重要。

教学策略

上课的前5分钟决定了一堂课如何进行和结束，所以用正确的方式开始至关重要。

上课铃响，尚未进入学习状态的学生或许心思仍在云游天外。一些学生还没有进入教室，与同学在走廊上嬉戏打闹，进入教室的学生可能在座位上玩着手机游戏，有的在和邻桌争论与课堂无关的问题，有的在聊下课后午餐吃什么。虽然人还在座位上，但心思早已飘到别处。如果学生一开始就心不在焉没有很好地过渡到学习状态，中途再想好好听课就更难了。显而易见，此时教师的引导者角色相当重要。教师需要利用课堂的前5分钟来吸引学生，让学生将注意力放在即将开讲的课程上。

就像体育比赛前的热身一样，正式的课堂学习也需要预热，才能调整同学们自然的学习状态，调动同学们的积极性，从而实现学习效果的最大化。如何巧用上课前的5分钟，使学生对本堂课所要学习的问题产生浓厚的兴趣，将学习变成一种自我需要？

焦点问题

1. 有哪些课堂开场方式？这些方式各有什么特点？

- **点名开场法**

正式开场通常从教师管理职责开始，例如点名、讲解之前做好铺垫，举出范例或介绍本课的学习任务等。开始教学活动的一个不错的办法，是以点名的方式让班级安静下来并做好准备，但是只有当老师有足够的威慑力控制整个课堂时，才能起作用。如若不然，它可能会迅速演变成嘈杂的噪声，使课堂混乱不堪。

和一个“问题班级”相处时，如果你对自己维持课堂秩序的能力有所怀疑，我建议你采取非正式的点名程序，只要在学生们安静地投入到那些准备阶段的热身活动中时检查一下学生的姓名就可以了。

- **热身开场法**

一般而言，让学生尽快就座并投入到热身活动中，这样做的目的是通过课前的热身活动将那些活跃群体的过剩精力分散掉一些，并让他们进入一种更愿意倾听、接受和学习的状态中。

其核心是进入上课模式的热身活动。你需要准备具有足够的挑战性和吸引力的活动，这些活动不会导致混乱，也无须向你提问求助。我喜欢把这些活动称为“额外的一双手”，因为你在让它们运转起来的过程中，不需要更多的投入或支持。相反，当你要处理班级的管理事务，或者需要特别关注个别学生的时候，它们可以为你赢得宝贵的时间。

对于某些群体，特别是那些需要从一致性中受益的群体，这种开头方法应该成为每节课开始的固定程序。通过这种方式，学生们明确地知道：当他们走进教室时应该怎么做。把书包放好之后，他们就可以选择在黑板上罗列的活动清单中的一项，收集必要的材料并完成它。我通常会放一些轻松舒缓的乐曲作为背景音乐，以便他们到达教室时就能感受到平静而温馨的氛围。

当我在“问题班级”使用这种开始方式时，我注意到，他们对课程的态度有了巨大的转变。那些在校外行为混乱的学生，看上去也很享受这种安静的时刻，仅仅是用来放松和做好准备，过去他们很少有机会这样做。在开始讲授课程内容的重点之前，学术性的热身开场法也给了我更多时间，与那些需要特别关注的学生一起交流分享。

● 活动开场法

欢乐的开场总是伴随着激动人心的活动作为开始上课的信号，能够引发整个班级的浓厚兴趣。这里有我们精心设计的活动，它们让年轻人感受到无穷乐趣、兴味盎然并充满活力。有趣的启动活动可以与课程联系在一起，但它属于非学术性的热身活动，所以，它能够帮助那些对学习持有根深蒂固的消极态度的孩子集中注意力。一旦某个麻烦不断的群体开始在一堂课中感受到积极的情绪，他们对你和你所教科目的态度都将彻底改变，而且非常迅速。

● **吸引人的问题开场法**

在课程开始时，吸引人的问题是确保富有挑战性的学生群体进入课程状态最高效的方法，它的成功之道是尽量询问与他们生活密切相关的问题。

假设你提出的是一个沉闷的问题，无论你在提出它的时候是多么慷慨激昂，这种问题都不太可能在群体中产生太多的共鸣，你只能寄希望于有学生愿意主动回答它。而如果是这样的话，你会马上把自己的注意力和课程要点都转向那些愿意学习的学生身上。

这使得它很容易造成那些不主动学习的学生只是木讷地坐在一旁观看，或许假装在听。为什么他们不愿意参与呢？因为他们觉得这个问题太沉闷，他们要么不知道答案，要么根本不想回答；也许他们只是觉得自己在朋友面前回答这样的问题显得很滑稽，或者他们只是不希望对方万一答错了陷入困窘，袖手旁观显然更容易也更安全。于是，剩下的人要么呆坐着，要么手脚乱动，或者干脆开始在周围捣乱。

如果你希望其他学生也参与到讨论中，就得提出与他们有关的问题，一些和他们的兴趣爱好有关系，或者至少是与他们的生活经历有关系的问题。

2. 哪些活动可以作为热身活动？我们需要注意什么？

以下活动通常都可以作为热身活动，这取决于本节课的主题或者主讲内容：

- 从一本书中摘抄小段的文字（出于一些未知的原因，我的学生喜欢重复抄写一些段落）；
- 绘制并标记示意图；
- 练习填写在现实生活中常见的表格（例如学校申请表、驾驶执照、护照等）；
- 单词检索和猜字谜游戏；
- 业余爱好或主题工作（例如，设计介绍他们最喜欢的科目的小册子）；
- 默读（显然需要仔细选择书籍，实际上学生们很享受适合口味的阅读）；
- 制作海报；
- 涂色游戏（他们也可以简单地在外轮廓上勾出颜色，这个活动让学生表现出令人惊奇的专注和轻松，甚至变得很有禅意）；
- 写日记或者简报等；
- 完形填空活动；
- 通过“寻宝”加深理解的活动（例如，通过给定的信息来检索来源）；
- 观看视频，并给每个学生提供一张对相关视频片段进行简单理解的答题纸，因为这样有助于他们观看时集中注意力；
- “结识你”活动——这是我的最爱之一。因为它可以让学生全身心投入其中，你会从中了解所有他们的兴趣、喜好和激情所在，而这些信息都是与他们深入交谈和建立积极关系的关键。

注意：要规定热身活动的时间和目标，否则学生可能不会把它当回事。这也意味着你可以按照不同的能力水平划分同一项活动，可以给一个有能力的学生制定更高的目标（例如“你有5分钟做……”“你必须回答关于……的5个问题”），而给那些能力稍弱或者迟到的学生制定较低级别的目标。

一些学生能很好地回应带有选项的活动，“选项”有强大的动力。所以，你可以尝试准备几个抽屉、盒子或者托盘，放上事先准备好的写有热身活动的纸条，让学生从中选择他们喜爱的活动。当然，这也可能导致混乱，比如说汤姆刚刚选择了一个活动，然后又发现自己并不喜欢它，那么在接下来的10分钟，汤姆就会不停地翻看其他活动选择，而不是认真完成自己的任务。这种情况下，选择会变成一个现成的回避策略。我在不同的群体中都采用过提供选择这种方法，它会对一些学生有效，而对另一些人不起作用，所以，是否采用这个方法由你自己决定。

如果你的准备式活动是从黑板上或书本上抄写笔记，要确保没有大量的文字工作，否则就会招来抱怨，有的学生看到大块的文字就会恐惧。如果活动是抄写5行到10行的课文，你可以“隐藏”额外的工作，并在结尾处注明“现在回答第46页的问题2”，刚才写的内容可能就有答案。

如果某个学生没有完成热身活动，他们必须用额外的时间继续完成，课间休息时间或者放学的时候再接着做。这一点需要每次都坚持，而且对任何一次活动以及任何一个“捣蛋鬼”都如此。因为他们需要清楚地知道如果自己不能在规定的时间完成，就要面对后果。

就算学生不得不把作业带回家继续做，他也必须得完成！如果你不坚持，对你来说，后果就是他们会认为这个活动纯粹是在走过场，以后他们更不太可能为作业投入时间和精力。考虑到这一点，就不要让你的活动难度太大，否则将适得其反。热身活动的目的，是让学生安静下来。

“热身开场法”最长不要超过10分钟，可以根据不同小组的完成情况有所不同。接下来，你需要过渡到下一个活动，这通常会是一个“合适”的教学和学习任务。过渡时间在任何班级中都可能造成混乱，如果事先没有计划或管理，在难以管理的班级，情况可能会更糟。

当你觉得同学们都应该准备进入你的主要教学活动时，给他们发出“30秒警告”（“我们将在30秒钟后停止这个活动，因此不管你正在做什么，请你做好准备接受下一个指令”）。警告的原因很简单：如果你的学生依然全神贯注于一个不错的活动或安静的谈话之中，让他们提前做好准备。提前发出警告，可以有效地减少发出指令后的催促和唠叨。

一旦学生已停止眼前的任务并集中注意力，老师就要给出明确的步骤指导。如果有必要，提醒学生整理好自己的教学材料或学习用具，做好开始主教学任务的准备，学生们现在应该进入要学习新知识的跃跃欲试的状态。

在向教室里的一群孩子讲授本节课的教学内容之前，要通过你的眼神扫视每一个人，确保他们已经彻底地安静下来。如果你不把这个做法当成一种习惯，并坚持在上课前必须集中注意力，你的学生将会视你为无物。或许我这么说还不足以表达这个问题的重要性，那么，我再强调一遍：这是你的教室！你说了算！只有这样学生才会真正听你的。

3.“活动开场法”可能有什么缺点？你如何确保这些缺点不会演变成问题？

这是我开始一节新课的首选方式，但这里也存在潜在的威胁：活动中激发出来的热情和亢奋，可能会使学生们表现得太过头，所以活动结束后，他们往往不太情愿再完成其他任务。所以应谨慎地使用“活动开场法”。

如果你觉得自己没有把握让学生在投入到一项活跃的活动之后，能够重新把注意力转移到另外一项活动中，那么尽量不要使用这种方法。如果你已经在一个容易管理的班级中尝试过这些有趣的活动，而且效果不错，也许你可以尝试在有一些管理难度的班级中采用相同的活动。一旦你对一个班级有了更多的控制，就可以使用这个方法，并且可以给他们带来更多的乐趣。

我会在课前准备一些与课程内容有关的道具，并在课上准备10分钟的时间让学生猜测包里有什么。学生们拥有20次提问的机会，可以任意提出问题，通过问题确定包里有什么，但我们只能用“是”或“否”来回答。每次都把他们提出的问题写在黑板上，这样就可以记录问题的总数，追溯提问的过程，避免出现重复的问题。用“是”或“否”来回答他们的问题，并在问题旁边打钩或打叉。我总是喜欢针对“是”和“否”这两个答案制造出两种不同的声音效果，用来添加幽默的气氛。紧张的气氛会在问题达到两位数的时候迅速攀升。因为学生们意识到，他们可能不会成功，特别是当你告诉他们如果找不到正确答案就要多完成额外的家庭作业时！

4. 你如何确保提出的问题能够吸引学生？

就像许多老师一样，我习惯于以一个与课程主题有关的问题作为开始。例如，如果我要讲解循环系统，开场问题可能是：“你们有多少人能解释血管是什么？”一些学生会急于回答我，他们把手举得老高，于是我认为自己所做的事是正确的，毕竟我还是有一些响应者的。但如果举手的学生连10个都不到，那么这种感觉就会消失，很显然，大多数的学生根本没有参与进来。而且我们都知道，如果他们不参与到教学活动中的话，很快就会开始在课堂上胡作非为。

比起“血液是如何在身体内流动的”这个问题，他们更容易接受或者说更在乎“你是否曾经一不小心划伤了自己的手指？”这个问题。这个问题提供了一个机会，使学生能够把学习内容与自己的切身经历相联系，给予了他们在课堂上分享自己经历的机会，从而轻松地把他们吸引到课堂上。

一旦你的学生被问题激活并积极参与进来，你就可以引导他们进入本节课的教学内容。所以，回到我们血液循环的课程中来，我们可以继续发问：血流了多长时间？你是如何止血的？你觉得如果不管它，流血会停止吗？最终，我们将引领学生进入课程的主要内容：血液从哪里而来，它又去向何处？

希望你可以就此明白：在课程的起始阶段，一个吸引人的问题是如何用一种可靠的方式激发你的学生并吸引他们参与进来的。关键在于问题的相关性！

活动开展

活动28：创建“热身开场”计划

本活动中，你可以将课程的前5~15分钟设计成“热身开场”模式，并将课程按照特定的主题或话题做出调整。下列问题可以提供帮助。

问题1：上课开始时，哪些活动有利于学生保持专注？

问题2：你会提供其他活动选择吗？

问题3：你如何对活动进行介绍？板书、口头介绍，还是书面材料？

问题4：你是否计划让学生对活动做出反馈和评价？你打算怎样做？

问题5：你会为活动设定什么时限或目标？

问题6：你打算如何巩固该阶段的学习？

问题7：关于规范日常行为，你希望在开场时建立和加强哪些纪律？（例如：座次安排、资料使用、声音大小等）

问题8：你打算如何过渡到主要教学活动？

“热身开场”计划

活动29：创建“活动开场”计划

在这个活动中，你可以将课程的前5~15分钟设计成“活动开场”模式，并将课程按照特定的主题或话题做出调整。下列问题可以提供帮助。

问题1：上课开始时，哪些活动有利于学生保持专注？

问题2：你会提供其他活动选择吗？

问题3：你如何对活动进行介绍？板书、口头介绍，还是辅助材料说明？

问题4：你是否计划让学生对活动做出反馈和评价？你打算怎样做？

问题5：你会为活动设定什么时限或目标？

问题6：你打算如何巩固该阶段的学习？

问题7：关于规范日常行为，你希望在开场时建立和加强哪些纪律？（例如：座次安排、资料使用、声音大小等）

问题8：你打算如何过渡到主要教学活动？

“活动开场”计划

第十一章

建设互相尊重与支持的学习氛围

在课堂上开展有趣的互动，是减少课堂行为问题最简单的方法之一。

教学策略

如果你为学生提供的活动可以引起他们的兴趣或者是充满魅力，那将极大提高课堂的吸引力和参与度。如能确保本章所讲的全部或部分内容得到有效落实，你将轻松拥有魅力课堂。

我们已经采用非对抗性的提醒和非正式的闲聊让教室外的学生们安静下来了，使他们更有可能按照我们的指令行事；然后，我们已经掌控了局面并让他们进入教室内（使用过滤器法则来对付异常活跃群体）；我们已经有了一个成功的开始，因为我们已经学会使用四种主要的开场方法。

稍后我们会继续处理那些在这个阶段还没有安下心来的所有学生，那些游离于学习任务之外，在课堂上大范围破坏秩序的学生。现在需要做的是保持平静，为那些专心致志的学生们营造富有成效的学习环境。

“情感背包”是我很喜欢的一个概念。一些学生的情感背包里装着对学校和老师的消极想法和感受。这些消极的想法、感受和情绪大多基于他们个人过去的经历，以前上过的某些无聊的课程，或者只是来自同伴之间的评论（“我讨厌那样的课程，你也应该这么做”）。

比方说，在这之前一门或很多门课程中，他们在掌握或完成这门功课所需要的技能方面一直力不从心。如果是这种情况，几乎可以肯定会给他们带来一定程度的沮丧、焦虑，并有可能在那个背包中装入了恐惧和不安。于是，他们背负着不信任，甚至愤怒或报复的情绪去上他的下一节课。一旦他们发现这个学科过于简单、非常枯燥或者完全与他们无关，他们就会变得烦恼、易怒或冷漠。

解决这个问题的方法其实很简单，你需要做的，就是改变他们各自在情绪背包里携带的东西。在课上我们分享了一个有趣的故事，他们感受到了学习的乐趣，这时“乐观的情绪”装进了他们的背包。在课上他们进行了一次成功的团队合作，收获了同学友情以及认同感，这时“小成功与小成就”装进了他们的背包。

你希望的无非是学生们带着期待学习的心态来到你的课堂上，愿意和你在一起是因为他们喜欢上你的课。如果他们获得了成功、达到了目标、实现了愿望，或者学到了一些有趣的知识，或者在课堂上充满乐趣、分享快乐，感受到自己的进步并变得更好了，如果他们被热情驱动，投入到积极的行动中来，毫无疑问，他们就会对下一节课抱有乐观的期待。因为这种情绪是一种良性循环，可以带给他们更多的成就。

这些事情，任何老师都可以在任何一节课上进行安排。归根结底，这么做可以帮助学生感受到被需要、被重视和被赞赏，并确保他们在与你共同度过的短暂时间内能有积极的收获。

焦点问题

1. 课堂作业应该难度适中、符合学生的能力水平，为什么做到这一点很重要？你又如何实现呢？

取得成就时的喜悦是问题学生很难在学校获得的一种体验，他们很少能够享受完成一项辛苦工作的那种满足感。同样，亲自证明一门学科中的难题，也是最有力的激励之一，所以，我们必须努力让那些问题学生感到自己可以胜任工作。如果今后我们不断鼓励他们尝试各种任务，并提高他们的学习热情，他们同样可以取得经验和成功。

不愿意上课的这些学生，纯粹是因为他们已经习惯失败（并不断被这样批评）。他们害怕被看成傻瓜，而且通常用不当或愚蠢的行为以及其他逃避战术，来掩饰他们不愿意尝试的初衷。这就要求我们一定要注重“作业的难度要适度”这一原则。如果任务太简单，学生们会感到无聊，而如果太困难，会增加学生没有完成任务的挫败感，同时你就会面临混乱不堪的场面。

根据学生的能力级别布置作业，尽量避免大量文字的作业，把一个“大任务”分解成若干“小任务”，是三种确保所布置的任务不会压垮学生并引起混乱的方法。

特别是你在与容易情绪化的学生以及有行为问题的学生打交道的时

候，一定要把大量的任务或作业分解开来。你可以把一次大规模的考试拆分，变成一系列的小测验。这样做的好处是显而易见的，这样可以给你的学生们连续几天充裕的准备时间，而不是短期内喘不过气来的过度紧张。

类似地，如果你感觉一名学生难以完成你所布置的功课时，那就剔除其中的一部分，或者干脆给他一些提示甚至是答案——这样就能够让他们把精力集中到自己感觉可以胜任的那部分任务上。始终要牢记，那些看上去不大愿意去参加某项活动的学生，或者试图破坏课堂秩序并以此来逃避功课的学生们，他们这样做无非是因为害怕失败。

2. 当学生在课堂上对某个话题失去兴趣时，什么方法可以重新激起他们的好奇心？

如同我们在第十章中读到的，课堂中反应最积极的学生，通常是因为那时候所提到的知识或者问题恰好与他（她）所认知的现实世界联系起来了。因此，我们要通过各种方式将所要教给学生的新主题和新信息与他们所感兴趣的事物关联起来，找到学习任务与他们的相关性。

- **与当前世界的现实问题联系起来**

把当前的社会关系整合到一个教学主题中，然后不断地鼓励学生们运用学过的知识，解释他们认识的生活。你不妨以一个最近发生的新闻话题，或者是一个与现实生活相关的问题，作为上课开始时的话题（你可以带来一张报纸，向他们展示上面的事件）。记住：你一定要选择他们可能感兴趣或者是容易被打动的内容。

● **与他们周围的环境联系起来**

把课堂上所教授的内容拿出来放到现实世界中，告诉他们如何在周围环境中运用这些知识，这是快速地把我们所教授的知识与他们关联起来的好办法。你是否可以用一张他们所居住的城镇中心的照片作为上课的开始呢？或者是一张有关他们左邻右舍的新闻文章，一段与当地事件有关的新闻视频，或者甚至直接带着他们到社区里去走一走！

● **与他们的兴趣爱好联系起来**

在第五章中我们提到了如何建立积极的师生关系，我们当时主要聚焦于发现和逐步了解学生们的兴趣爱好。那么，现在我们回过头来看，把教学内容与年轻人们的兴趣爱好联系起来，可能对他们来说就是一种最好的关联方式，这样他们就能快速理解所学主题的重要性。即使是在缺少每个学生的详细的个人信息的情况下，我们也可以轻易地找到他们共同感兴趣的领域——比如，运动、时尚、名人、音乐、电影、任何当前流行的游戏，近来轰动一时的大片和流行的电视剧，或者是某个他们在晚上都喜欢去扎堆的地方（如当地的公园或者是大型商厦）。

● **与他们同年龄段的现实问题联系起来**

青春期是一段充满矛盾和困惑的时期，在这个阶段，大多数年轻人都会被这样或那样的问题困扰。当你把要学习的知识和他们可能亲身经历或亲眼目睹的事情联系起来的时候，他们更有可能产生共鸣，也会更想了解所要学习的知识中有哪些和他们相关的地方。

● 运用隐喻和类比

隐喻和类比也是让新概念与学生关联起来的最好方式之一，因为它们相当于在新信息和之前他们熟知的、常识性的或者每天都发生的日常事物、日常行为之间打开了一条通道，方便他们进行比较和认知。

有一种简单的方式，能够帮助你对所教的几乎所有知识都提出一种隐喻或是类比。那就是，仅需向他们提出一个问题："这像什么？"然后从你学生的回答中挑选出一个你觉得最接近的答案。

举个例子，"扩散"（分子从高浓度的地方向低浓度的地方传播）是学生较难理解的一个概念，那么你现在就可以问学生："扩散像什么？"

学生们可能会回答："就像看到一群挤在电梯里的人从高楼层下到底层之后，就各自向不同的方向散开了。""就像看到一堆篝火的烟雾四散。""就像听到某个学生在教室后面放了一个屁，然后看到教室里的其他学生都捏着鼻子不敢呼吸，就像遇到了什么致命的化学武器攻击一样。"

当学生们对"扩散"没有什么概念的时候，任何一种这样的类比都可以用来形容"扩散"的过程，但是因为一些众所周知的原因，大多数学生会发现类比3最容易理解。

3. 如何使用教具拓展和延伸课堂教学？

使用和主题有关的物品也是引入一个新话题的不错方式。毫无疑问，我曾经用过的一件最佳道具，就是一件真正的泰坦尼克号的遗物。那是一件被打碎的怀表残骸，遗物的主人是船上一部电梯里摇铃的小伙子。我的学生们看到这件遗物后，展开了为期数周的学术研究，最后确定泰坦尼克号沉没的时间是当天夜里2：20。

在这个过程中，他们完全被泰坦尼克的整个故事迷住了。这让一段历史变得如此的活灵活现，而又离他们如此之近，似乎触手可及。在经历了之前只能通过图片、电影或者是参考书了解这段历史之后，他们深深沉浸在那段历史当中。2：20这个时间，就是那只被打碎的怀表所停下的指针位置，他们经过不断的研究，最终确认那就是船只沉入大海中的时间。

很显然这样的道具是一次性的，你能得到这样的无价之宝的机会可以说是微乎其微，而花费精力到当地的博物馆去找寻这样的物件看起来也不是那么现实的事情。我是幸运的，不是因为我是一个富翁，而是因为我的一位朋友认识一位收藏此物的女士。她之前从来没有在自己家以外的地方向别人展示过这件文物，但是当她听说这东西有可能增强孩子们的学习兴趣时，她非常激动，并亲自带着这件宝贝来到学校展示给孩子们观看。正如我刚才所说的，我是幸运的。但是其实我们所有人都有朋友和亲戚，也许他们当中的某个人就拥有这样的宝贵之物呢，或者是他们会知道别人拥有一件适合你下节课使用的最佳道具呢！

在一个介绍性的学习过程中，运用道具比干巴巴的口头描述更能抓住学生的注意力。正如刚才的例子，泰坦尼克号上的那块怀表甫一出场，就掳获了学生们的心。如果学生们刚走进教室，就发现一只独特的口袋很显眼地放在教室中央的一张桌子上，他们会疑惑："那个口袋里装的是什么？"你可以告诉他们："据权威专家确认，这只口袋就是当年那些从沉船事故中幸免于难的乘客随身携带的众多袋子之一。"此时他们的激动心情可想而知！

4. 为学生提供选择如何巩固学习和强化纪律?

让孩子们选择自己能做什么，可以给予他们一种掌控和自治的感觉，这样做可以把他们从行动上的停滞和行为上的羁绊中解放出来，让他们体会到自由的美好。提供选择最简单的办法是当我们提出要求时适当施加一点压力，这样能够激发他们自愿参与的动力。

比如说，在试卷上可以这样提出问题："从第一部分、第二部分和第三部分中任意选择两个部分作答。"相比那些完全没有选择的试题，这样的问题给学生带来的压力减小了，而且更能引起他们的注意。别总是这样表达："如果你完成了刚才的作业，就请翻到第20页继续做练习。"而是这样说："我已经在黑板上写下了一些选择项，你们只需要在这几个选项中选择五项来完成，而且完成它们的顺序也完全取决于你们自己的习惯。"这些看起来微小的变化，会给学生们带来一种完全不同的感受。

5. 哪种方式可以为学生提供互相学习的机会?

翻转教学活动可以通过让学生给其他同学上课的形式，鼓励学生巩固他们所学的知识。记得那句著名的话吗："在你没有教知识之前，其实你并没有真正地掌握任何东西。"在帮助学生学习新的知识点的同时，翻转教学对老师来说也非常有用，因为它可以让你检查学生们掌握了多少知识，以及他们的理解程度如何。同样，它们也可以让你获得一点自由的时间。

在每一个教师讲课或阐述阶段总结之时，都可以让学生们通过翻转教学的形式进行复习和回顾。你甚至可以把这种活动变成一种常规的课堂行为，作用是显著的。

跟学生商量好一旦你发出“预备，开始……上课”的指令，他们就要与分配给他们的学习伙伴一起开始30~60秒钟的翻转教学，把之前在课上学到的要点给对方讲授一遍。

学习伙伴必须标上1号和2号以示区别，这是因为这种翻转教学有三个阶段：

阶段1：在给大家教授新的知识点后，教师要在活动开始前先询问大家是否还有问题。这是为了明确一下所学知识，并在下一个阶段中消除一些概念上的误解。

阶段2：当老师发出“预备，开始……上课”的指令后，1号学习伙伴将立刻开始给2号学习伙伴讲授刚学到的新概念。非常值得关注的是，在这种面对面的交流中，学生们会过于强调知识要点，讲授的时候通常会有夸张的手势（幽默能让学习更加牢固），而且他们对整个信息的描述会非常大胆直接。对于一些比较困难的概念，学生们通常会花上整整一分钟时间来重申新知识的要点，但是我们最好保持这种活动的简短性，一旦时间过长，他们就会丧失兴趣，那活动的效果也就没有了。这个活动的精髓就在于快节奏，简要回顾，无须赘述。

阶段3：教师发出信号终止第一次学生授课的过程（这个时候我喜欢使用一种响亮的自行车鸣笛来提请大家注意并突出这个转化过程），然后让同一组中的学习伙伴们交换角色。在第二次喊出“预备，开始……上课”后，2号伙伴开始给1号伙伴讲课。之后，两位搭档为对方精彩的讲解相互致谢，然后老师继续上课。

活动开展

活动30：打造魅力课堂

请完成下列表格，以备日后使用。

魅力课堂自查表		
真诚的赞美	哪些机会可以表扬学生？怎么确保学生的努力能够得到认可？	
难度适中的任务	如何确保任务的难度适中，既不会难倒学生，同时又给他们一定的挑战？	
音乐和音效	播放音乐是课堂活动的过渡手段、让全班安静的方法，还是课堂管理的工具？	
教具	使用什么教具来讲解教学要点或增加课堂乐趣？	
多样的活动	组织什么活动？是否包括结对活动和小组活动？	
选择	给学生提供其他活动选项吗？如何提供？	
任务的相关性	如何使布置的任务与学生相关？	
复习	安排哪些活动巩固课堂知识？	

第十二章

维护课堂的秩序

运用活动检查表，将学生的注意力集中在课堂任务上，降低失控行为发生的可能性。

教学策略

课间休息是重新集中学生注意力和恢复学习动力的有效方法。

伸展运动，充电活动，喝水时间和“血清素时间”（比如说讲讲笑话，一些小游戏，读一段小说或新闻，看一段搞笑的视频，等等），这些小活动对于一节吵吵嚷嚷的课会起到重要的作用。

通常具有行为问题的学生的注意力集中时间会比较短，除非你很幸运地找到了一个可以完全集中注意力的活动，否则他们肯定需要偶尔安排一下中断和停顿，这种停顿一般大约每隔20分钟一次，可以在一节课开始或者是结束的时候使用。这些活动同样也是建立团队凝聚力并且促进互动的神奇方式，因为它们本身就依赖团队合作和参与。

请注意不要错误地以为充电活动是在浪费时间，否则你得花费远超过充电活动的时间处理那些感到厌烦了的、走神的、懒得动手的学生。而且在需要活动转换时，也可以为你大大节约时间。一旦充电活动运用得当，就可以通过多种多样的方式，快速地让一个麻烦不断的班级保持注意力，重新振作精神，把他们从厌倦不堪的状态中解放出来，或者是重新焕发出年轻人的生气。

以下是你可以尝试的一些大脑休息和充电活动：

充电活动：轻微的或全面的伸展运动

时间：4~5分钟

目标：让一个团队重新集中精力，在一段紧张的工作之后为团队提供一些形式的放松活动，可以让团队精力充沛，提升元气并且充满很多乐趣，这个充电活动还有一个附加好处就是可以轻松地与课程内容联系起来。

- 让全班同学起立。
- 先演示一下对身体某一部分的轻微伸展运动（比如说抿一抿嘴唇，交叉一下手指），然后演示一下全面伸展运动（比如说尽量够到天花板，或尽力抬起一条腿）。在演示伸展运动的同时，大声说出和这项运动有关的一个主题。
- 随后每个同学都得按照刚才的动作重复伸展运动，并大声地重复同一个主题。然后老师随意指定另外一名同学来示范其他轻微的或者全面的伸展运动，但是也要求他们说出其他相关的主题，这个学生完成之后就有权叫其他的学生做同样的事情。
- 继续上课之前，表演四组或者五组伸展运动（或者拉伸一下肌肉，不过这最好在一开始就做）。

充电活动：计时呼吸

时间：2~3分钟

目标：让一个团队重新集中精力，在一段紧张的工作之后为团队提供一些形式轻松的放松活动，或者用来安抚及平复一个活跃的团体。

指南：一开始邀请一位同学尝试10次特别的、平静的呼吸。有的学生这个时候会认为这事儿看起来好蠢，因此你得给他们稍稍介绍一下让他们这样做的原因。告诉他们这是一种古老的瑜伽技术，而现在用于高水平运动员的训练中，它可以让精神放松，甚至能够培养他们的第六感和心理素质。这样就足以唤起他们的好奇心，并使他们有兴趣去尝试这项活动。

- 让学生们慢慢用数四声的节奏吸气一次（注意不要让学生们过于深度地吸气，我们的目的只是让学生放松下来）。
- 慢慢数到四，然后吸气。
- 慢慢数到四，然后呼气。
- 每一次吸气与呼气之间屏住呼吸数到四，然后再开始下一个循环。

两到三个循环之后，学生们会找到自己的节奏和速度，这个时候他们就慢慢地安静了下来。鼓励他们慢慢闭上眼睛，这样做可以帮助他们把精力更加集中在自己的呼吸上。

这种4：4：4：4呼吸循环的比例的确是非常令人安静的频率。在面对任何一个吵闹的学生群体时，你可以自己先尝试这个办法（或者，如果这个团体问题较多，那在点名之前就可以让他们这么做）。

焦点问题

1. 有什么方法既可以按时休息，又能在短时间内让学生重新投入学习？

一份活动检查表（或者是课程大纲）是指在上课过程中可能会开展的活动的简要清单。为什么它能够成为维护适当行为的一个好办法？那是因为，一旦完成这份表单中罗列的事项，你就可以在它前面画一个钩标注。尤其对于男孩子们来说，准确地知道他们这节课要干什么以及接下来要干什么，对他们是有好处的，而他们只需要扫一眼活动检查表就可以知道他们现在完成了哪些工作，还有哪些没有做。

这里有一个非常简单的活动检查表的模板，与你的课程计划有关，你可以直接把它贴到黑板的旁边。一目了然的任务有助于学生迅速进入学习状态并保持注意力集中。

- 开始阶段——5分钟
- 视频播放——10分钟
- 教师演示——5分钟
- 分组合作——20分钟
- 做游戏——10分钟
- 富余时间——10分钟

如果你自己已经对这张清单了如指掌，那么就可以在学生结束了上一项任务之后，指导他们进入下一项活动。当他们已经知道了下一项任务时，这样的过渡将会非常顺畅。

2. 如何创建时间表或阶段性目标，以帮助学生明确学习途径？

毫无疑问，这是能让那些比较麻烦的学生专注于学习的最好的策略之一。设定适当的目标对学生来说可以起到几乎是神奇的镇静效果，同时可以提高他们完成一项任务的认真程度，或者是让他们的注意力重新回归课堂。

设定学习目标的原理是一些学生在一个时间段只能完成少量或适当的工作。当他们面对一项复杂的工作时，那种对失败的恐惧感就开始出现了，紧接着就会产生一大堆如何逃避这工作的想法。从不回答一些题目开始，直到故意把笔弄到地上并到处去找，甚至"飞行"超长的距离穿越整个教室，从用脚去踢废纸篓直到偷偷从后门溜出教室为止。此外，他们还会有大量看起来很愚蠢的行为，或者是让你匪夷所思的小动作。

所以说，要通过目标给予学生们对自己能力的足够自信，相信自己可以完成一项任务，它会让成功变得可以实现甚至是触手可及，这对于那些学习困难的年轻人来说是难得的机会，同时也可以极大地释放压力。

让我们的老朋友汤姆再次登场，现在他正在左顾右盼，看起来有点不知所措。与其走过去督促他继续完成作业或者是威胁他如果完不成你就要惩罚他，还不如给他一个比较现实的工作目标。直接在他的课本上用铅笔做好记号——"汤姆，这就是你的目标，我希望你在接下来的10分钟之内能够做到第6题。"

我知道你会觉得这看起来过于简单，以至于你完全不能相信。事实上，我就曾经有过整整一大群的不太专心的学生口口声声地恳求我，希望我能给他们制定一个目标。这项简单的策略，让我和我那些最麻烦的班级之间建立了一种非同寻常的师生关系。

3. 开始上课时，如何讲解课堂纪律才能避免在随后的讲课过程中不干扰学生？

在上课期间老师说的话过多，会让学生们分心，我发现新教师很容易出现这种情况。过多的口头阐述导致很多活动无法进行，在学生们正在写作业的时候，又不停地打扰他们甚至中断任务，这都是因为他们之前忘记把一些事情解释清楚，而后又不得不大声地重新给予提示。最后，学生们的学习节奏全被打乱了，而要让他们再度集中注意力是一件非常困难的事情。所以，就算你有更重要的事情要说，不到万不得已，不要去干扰学生们的注意力。

如果你不得不向学生解释清楚一项复杂的任务应该怎样完成，那你最好将它分解成非常简单的步骤（或者是多个知识点），并以提示卡片或是提示清单的形式写下来，对每个步骤或者是知识点你都要仔细地进行检查，保证学生们在每一个阶段都能够完全地理解。

然后在每一项任务开始之前给每个学生发放一份这样的清单。与其告诉学生们要做什么，还不如直接告诉他们参照清单上所列的内容开始学习。

4. 教师对学生的帮助会对课堂氛围产生怎样的影响？

提供帮助，是课堂管理的一个方面，它对于建立教学常规也是有好处的，毕竟在一天当中，学生们引起你关注这种事情有可能发生上百次。如果一个班上有一半的学生都在同一时刻有不同的需求，或者是都想引起你的重视，那么老师身上的压力可想而知，但是如果每一次学生有寻求帮助的要求时你都会有求必应，学生就会形成依赖，而不会主动去学习如何解决他们自己的问题。

一种自查、互查和教师检查的日常规范，可以将老师们从那些不必要的浪费时间的琐碎事务中解救出来，并且教会学生们凡事得依靠自己或者是相互帮助。你得首先告诉学生，无论何时他们发现了何种问题，应该首先对自己的功课进行自我检查，看看是否还有其他办法解决问题，如果找不到，接下来，他们应该向本组的学习伙伴或者是其他组的成员寻求帮助。最后，如果他们还是没有办法解决问题，才可以举手询问老师。

你可以用这套常规办法处理经常发生的问题，诸如“如果你没有带齐合适的学习用具”“如果你提前完成了作业”“如果旁边有人干扰你”“如何正确地在图上进行标注”“进教室晚了该怎么办”“如何使用这台仪器”，等等。这套常规适用的范围越广，你在同一件事情上不断重复唠叨的时间就会越少。

活动开展

活动31：创建你的备选活动方案

所有的课程不见得每一次都运转良好，但是最让你感到头痛欲裂的是花了一整晚设计的活动彻底“触礁”。这种情况发生的时候，你得有合适的“应急”方案补救，以填补暂时的空白并消除那些枯燥的等待或者是挫败的想法。

准备一系列备选活动有利于吸引倍感无聊和疲惫沮丧的学生。只要花上几个小时，你就能整理出丰富多彩的备选活动清单。当学生无法完成计划内的活动和任务时，便可以布置给他们。

活动32：根据学生的具体情况设置不同的学习目标

在独立完成任务时，学习目标对于保持学生的注意力，或者让分心的学生重新集中注意力卓有成效。

评估班级学生的具体情况，并简要记录你分配给不同学生的学习目标。

注意：最好能悄悄告诉每个学生他们的任务是什么，因为有的人会觉得任务太多，有的人又会抱怨自己比同学的任务少。每个班里都有表现欠佳的学生，而事实上，他们往往在班上具有一定的号召力。对这些学生，我建议私下给他们比其他人更多一些的任务。比方说，“汤姆，今天我要给你制定一个更高的目标，因为我知道你完全有能力完成它，如果我不给你一个机会展示你的能力，只能说明我的工作没有做好，你懂的，是吧?”但是如果我这么做而不加解释，可能会引起他的不安甚至不满，而如果在上课前就提前把学生叫到旁边单独跟他说这些话，他们就会变得出奇的配合。

活动33：吸引学生注意力

有许多吸引学生注意力的方法，在本活动中，你需要选择3项在课堂上进行尝试。你可以使用下列观察表进行记录。

请一定要记住，不要一次就对学生做出太多改变——改变需要循序渐进，并且需要经过相当长一段时间。也就是说，如果你选择了3项活动，一次只需尝试其中一项，试验一到两周后观察学生们的反应再推进到下一项。

活动名称	初次尝试后的总结	活动开展七天后的观察

第十三章

解决课堂上出现的棘手问题

焦点问题

1. 学生最常遇到的干扰或中断是什么？怎样安排才能在调整学生状态的同时尽可能避免产生太多额外的工作量？

当学生们不愿意开始工作，或者是他们的努力在一节课中变得虎头蛇尾时，那么归根结底可能是因为下面的一个或者多个原因：

- 被别的学生或者外面的其他事情分散了注意力；
- 有可能是课程太过于简单或者是多次的重复，使他们对功课丧失了兴趣；
- 因为功课太难而充满了挫败感（如果他们没有感受到一点成功的喜悦，那么他们可能很快就会选择放弃，还记得“赋予权力”的重要性吗）；
- 他们正在使用的有些学习用具坏了，这使他们的精神难以集中，并且迫使他们从“学习模式”中退出；
- 是不是教室太热了或者是太闷？或者是太冷了？是不是从外边飘来了什么难闻的味道？（如果你教的是一些年级较低的男孩子，更要注意这一点。)

- 精力不足或者是疲倦不堪；
- 发现其他学生正在全神贯注听讲（他们可能觉得自己该放松一下了，或者他们发现别的学生占用了老师的注意力，于是希望做出一些负面的行为来引起老师的关注）。

就像你所看到的，可能会有好几种原因同时存在，上面这些绝不是问题的全部。但是所有可能出现的原因都有一个共同的特点：如果有好的应对措施的话，这些行为都可以得到缓解甚至被彻底消除。

要准备好一些时常可以有变化的任务（每一项15~20分钟，对那些能力稍弱的群体，任务时间要相应缩短），并且对于那些有能力的学生要相应增加任务的难度，而对能力稍欠的学生要给他们更简单的选择。给能力欠佳的学生准备一些简单的任务，这就要求你得了解自己的每一个学生，你才能够给他们提供锁定好目标的有针对性的任务，引入翻转教学和讨论形式的活动似乎更能打破千篇一律的方式。记住，如果他们开小差了，你要把他们的心收回来会变得比较困难，你得在之前就准备好并且预防枯燥无聊。一旦你发现警示信号，就要迅速地把这些备用方案运转起来。也许那个时间，正好是转换活动、开始充电活动或是给他们提供一些安静的鼓励或帮助的时候。

2. 限制性选择和冒犯式命令有什么区别？

限制性选择给予学生们一种可以控制住局面的感觉，而不是让他们觉得自己被强迫着去做不情愿的事情。有些学生会比其他人更需要自治，他们痛恨被逼迫着做任何事情，如果他们感到情况失控，到了一定的程度，他们就会和你争辩。

举一个例子，如果你告诉这样的一个学生：马上完成书上的10个问题（并且皱着眉时刻监督着他时），那么基本上可以肯定，他会找出一些理由来与你辩论一番，要么说10道题太多了，课程内容太无聊了，要么就说你应该去看看其他人在干什么，等等。你会发现很难让这些学生退缩，尤其是在他们的朋友面前。因此，我们越是想操纵他们，他们就越发觉得我们是在滥用职权故意针对他们。

摆脱这种困境的方式就是给予他们一个有限制性的选择权，并且给他们提供方法去完成任务，使他们不至于在同伴面前丢面子（注意：选择和决定都是他们自己做的，而不是我们命令他们该去做什么）。通过这种办法，责任就转移到学生那边去了。

这里是一些例子：

- 汤姆，你是愿意继续和你朋友坐在一起并安安静静地完成作业，还是愿意上前来坐到教室前面的这张桌子旁，和我坐在一起并安静地写作业呢？你可以自行选择。我现在要去帮助保罗一会儿，然后我再回来看看你会做出什么样的决定吧。
- 汤姆，你可以按规则玩这个游戏，或者你可以单独坐到后面的书桌那儿，完成抄写作业，这完全取决于你，你可以选择。
- 汤姆，你可以在椅子上坐好，不要摇摇晃晃，让椅子的四条腿都好好放在地板上，或者你也可以坐在地板上写作业，直到10分钟后你想起椅子应该如何正确使用时再站起来。你自己选择吧！

3. 涉及学生的课堂行为时，你如何设定恰当与失当间的明确界限并表达期望？

总有些学生们会问一些不恰当的、私人的和愚蠢的问题，试图通过这些问题来让我们感到难堪。特别是当我们到一个新的班级上课时，这一点特别普遍。不管是在新学期开始，还是你只是去代课，你必须学会灵活地处理，否则你对班级的控制力很有可能在一开始就被削弱了。

- 你为什么迟到了，老师？
- 你昨天晚上是不是外出了，老师？
- 你去哪儿了，老师？
- 你昨晚喝酒了吗，老师？
- 你是因为喝酒才迟到的吗，老师？
- 你喝醉酒没有回家吗，老师？
- 你结婚了吗，老师？
- 你妻子她长得漂亮吗，老师？

他们这样做无非是为了得到你的关注，或者拖延上课时间让他在朋友面前看起来很了不起。他们这样做也是为了找到我们的弱点，让我们感到窘迫甚至于让我们失去理智。有的时候，他们只是因为觉得已经认识我们很长时间，有必要炫耀一下他们与我们的熟悉程度。这样的情况，一开始看起来似乎并没有什么伤害，但它们需要及早加以制止以避免局面失控。

如果你回答了他们一开始的问题，那么越来越多的学生会参与进来，这样的局面一旦出现，那你就很难控制学生所有的评论了。结果是，教室里出现了一个难堪窘迫的教师，名誉受损，师生关系被破坏，还有一群幸灾乐祸的学生，他们中的一些人有可能会受到他们认为极不公平的惩罚，而这所有的一切，其实都是可以防患于未然的。

孩子们需要非常清楚他们使用了粗俗语言的后果会是什么。如果在这点上学校没有相关的政策，那么就先使用你自己制定的规则，并且要坚定不移地使用。这个办法能让他们发现，无论怎样，他们也不能摆脱你的原则。

4. 在布置家庭作业时，如何将学生的同龄人和父母考虑在内，以保证学生更有动力完成作业？

在很多家庭里，每天晚上都会为了完成家庭作业的问题爆发“第三次世界大战”，而在另外的一些家庭里甚至根本不敢提及这个问题。记住，很多家长和监护人（甚至包括那些看起来最不愿配合学校的家长们）都对得到学校关于家庭作业方面的帮助和指导感到高兴。而作为回报，他们也非常愿意高效地支持你。

如果你在取得一些家长的支持方面遇到一些麻烦，那么关键就是要说服他们：**你是在帮助他们和他们的孩子，并且让完成作业这件事变得更加简单和轻松**。你只需要告诉他们，来自家庭的支持可以帮助他们的孩子在学校里取得巨大的进步，然后他们也会在家庭生活中取得进步，成为一个更加快乐的孩子，更加轻松地生活，少些拖延，更少了些不去学校的无理要求。

首先要向家长解释清楚，家庭作业的成果来自相互独立的三个方面的努力，学校、学生和家庭，每一个方面都离不开其他两个方面的帮助，只有这样，这个系统才能正常运转。把那些迟交或者未交家庭作业的记录给家长过目，并且向家长解释清楚学校处理未交家庭作业这种行为的政策及过程是什么。再补充一句：未交作业对学生来说，既不可能让他们感到快乐，也对他们没有好处。如果可能，你可以把全年级的作业完成情况及影响效果也一并展示给家长看。

接下来，你可以向家长描述他们可以帮助完成的一些具体事项，以及出现上述情况时他们该怎么做。家长也许需要一份家庭作业的清单，你可以同时告诉他们这些作业要求在多长时间内完成，或者在多少天内需要上交。你最好给家长们提供一份每项作业完成时间的建议，设计一个常规的、明确的作业时间计划——比如下午4：30至5：30，帮助学生掌握管理时间的技巧。

尝试着鼓励家长在晚间提早设定完成作业的时间表，这样孩子们完成作业后仍然会感到精力充沛，这样做的目的是养成不影响晚上娱乐时间的作业习惯或者是惯例。另一个提早设定完成作业的时间表的原因，是可以在最后给孩子们一点娱乐时间作为奖赏。如果把家庭作业安排成晚上要完成的最后一件事，而孩子们已经被允许玩了电脑游戏或者是看了电视，那么还有什么可以奖励他们的呢?

学校还可以给家长提供一张在家里用得着的学习材料和工具的清单，便于他们在学生们写作业遇到困难时，能够参与其中并提供一些帮助和指导。我曾经接触过许多对孩子的学习要求非常严格的家长，他们都对我提供的这些材料和指导感到很满意。

最后，家长可以采用一些合适的措施来管理孩子的行为，孩子可以从中受益（比如，写作业时暂扣孩子的手机，减少看电视和玩电脑游戏的时间，不完成作业没有零花钱，等等）。你要求家长做到的这些越具体，他们配合的程度反而越高。以我的经验来看，家长们喜欢花费大量的时间和孩子们在一起，但是真正安静的长时间交流却很少，因此，在学生们享受到与日俱增的亲情关爱后，心中的成就感也在自然而然地增进。

5. 如何应对经常迟到的学生？如何解决这一难题？

迟到是一个常见问题，尤其是在学生慢慢长大的过程中，但是你仍然要采取措施来尽量避免这样的事情发生。这时候，你必须有清晰而固定的规则，以及准备充分的铁腕政策。学生们必须了解如果他们迟到了会有什么后果，而且每一次他们都不可能再找什么借口。

处理措施可以是一整套梯度上升的管理等级，从两分钟的课间留堂（如前面所述）到放学后用来弥补损失的时间，以及和家长们取得联系（在一些很严重的情况下）。或者这一切也可以做得幽默一些，比如说对那些打了上课铃还没有出现在座位上的同学，可以让他们到教室前面来唱一首歌，这样可以让每个人脸上都堆满笑容，并以一种乐观的情绪开始上课。一位喜欢幽默形式的同事告诉我，当两个同学同时迟到了，她会让他们来一段二重唱，甚至有时候会出现小合唱的形式。后来她发现，当她继续采用这种策略时，这个不守时的问题很快就不复存在了。

以下是针对迟到者的有步骤的教室管理计划：

- 尽可能不要理会迟到者。平静地、不慌不忙地记下他们的名字（假设你一开始还不熟悉他们），然后与他们确认："约翰，你迟到了10分钟……"
- 在这个阶段不要去询问他迟到的原因，这样做很可能会打乱上课的流程并且把全班的注意力转移过去。可以给他们一个机会解释迟到的原因，不过那得是下课之后的两分钟了："请坐好，开始完成（某项课堂作业），下课之后你可以跟我解释一下迟到的原因。”

- 当别的学生都已经准备好上课时，要注意单独对待迟到者。如果大多数的同学已经开始学习，接下来就是要让迟到者尽快跟上学习进度。指着他们的座位，让他们赶紧坐好，并给他们安排一些任务。
- 表扬那些正在做题的同学，把注意力从迟到者身上转移到认真学习的同学身上：“你们两个非常优秀……非常高兴你们理解得这么透彻。”
- 让迟到者在到达的时候填写记录表并写上迟到的原因。把这份表格的复印件以及注意事项，包括接下来的处理措施都送交家长或监护人。

活动开展

活动34：行为问题解决方案

本活动中，你将创建一系列应对措施以解决课堂上最严重、最常发生的行为问题。

首先，请列出你和教研小组最有可能遇到的行为问题，并填写在下表中的“行为问题”一栏。然后选择你认为最适合每种问题的应对措施，并将它们添加到表中的“解决方案”一栏。

行为问题	解决方案

活动35：如何与不配合的学生群体进行互动

如果你已经达到了从上课铃声到下课铃声之间都是一场战斗的境界，那么说明这个群体是完全反对你的，而你已经用尽了所有能想到的办法，还到处是问题，那么现在就是采取极具影响力的行动的时刻了。

本活动中，你需要计划开启一堂异常艰难的课程。请制订一个阶梯式计划，让整个小组活动重新步入正轨。

● **步骤1：打破常规**

1. 你如何吸引学生们的注意并让他们听课?

2. 你如何布置座位?

3. 你如何打破学生一贯的消极状态，让他们更专注?

● **步骤2：集体讨论**

1. 你打算提出什么问题?

2. 你如何记录学生的观点?

3. 你为这次讨论制定了什么规则?

4. 对于那些违反规则的人，你都有哪些处罚措施以及如何执行这些措施?

● 步骤3：跟进

你如何对讨论结果进行总结？如何确保所有的措施都能得到落实？

活动36：反思

问题1：本书最重要的，也是你迫不及待要与其他教师分享的三个要点是什么？

问题2：在阅读本书的过程中，你对课堂管理的看法发生了怎样的变化？

问题3：随着实施措施的改变，你的课堂氛围发生了怎样的变化？

问题4：在与学生合作的过程中，什么活动达到了出乎意料的效果？

问题5：你如何与学生一起拓展课堂活动？

附 录

这里还提供了一些小组活动以备参考。

小组活动1：热座位

热座位活动有利于帮助教师解决教学问题以及学生的行为问题。在帮助同事这个问题上，大多数教师倾向于提出建议。然而，无论建议的初衷有多好，遗憾的是都会让接受建议的人感到力不从心。热座位活动是为了更加高效地解决问题，并且使教师们在寻求帮助的同时不会对自身的教学能力产生怀疑。

教研小组组长将按照下列步骤，带领小组成员以及热座位教师（以下称为“热座人”）即主讲教师，运用他们的专业知识。“热座人”是教研小组最了解学生和教学问题的，也是小组中真正的专家，而小组其他成员则需要在“热座人”的帮助下掌握专业知识和专业技能。

● 步骤1：发现问题

为了使小组成员能够充分理解面临的问题与困难，“热座人”会对问题进行详尽的描述。

● 步骤2：分享解决方法

在明确问题后，教研小组组长会要求“热座人”介绍他们迄今为止尝试过的解决方法，尤其是有效策略。

● 步骤3：头脑风暴

组长动员小组成员提出解决问题的可行措施，并用以下提示邀请他们讲述解决类似问题的经历：“小组里有没有人遇到过这样的学生/小组/情况？如果遇到过，那么你尝试了哪些措施？哪怕不太成功的经历也可以说说。”在大家提出了基于直接经验的所有建议后，第二轮的建议会从小组成员的间接经验产生。“有没有人对解决这个问题有其他想法，哪怕这些想法不是直接经验，也可以谈谈。”

待所有成员回答完毕后，组长也可以提出自己的观点。

● 步骤4：规划

在规划阶段，“热座人”开始决定未来几天或几周内解决方案的行动步骤。对此，教研小组组长也许会提出这样的问题：“提供的所有信息中，什么对你最有帮助，以及你打算如何实施计划？”为了让每个人都清晰明了，这个计划应该详尽描述行动细节。

● 步骤5：后续行动

最后的步骤是跟进“热座人”的进展情况，并帮助该小组解决在实施过程中遇到的困难。

小组活动2：同行观察

在教学过程中，专业技能发展最大的障碍之一就是大多数教师在一个“零反馈”的真空环境下工作：很少有机会直接观察和学习同行教学，也很少有机会获得针对自己实践的反馈。观察同行是强大而有效的工具，只要这个过程能做到相互协作和互相支持，教师们就可以通过学习彼此的实践来提高教学技能。

以下指南有助于确保同行观察活动氛围和谐、多产高效：

- 与你喜欢的同事合作，相互信任和彼此尊重；
- 决定谁扮演教师，谁扮演观察者；
- 一起备课并确定观察的重点；
- 观察者以分钟为单位进行详细记录，并做出非判断性、非评价性的反馈；
- 课后反馈时，观察者首先需要告诉教师他们喜欢哪些方面，并从以下几个方面就这节课的内容向教师提问：首先是对未来课程开发有何想法。其次是他们会如何调整，以及这节课在整个教学计划中的安排等。提问环节后，观察者需给出反馈及支持性的改进建议。

小组活动3：角色扮演

教研小组成员将自愿扮演：

- 一个或多个爱捣乱的学生；
- 教师；

- 助教或其他职工。

具体扮演角色视活动场景而定，而场景由教研小组成员根据学校或有关部门的具体需要设计。

此外，总指导需要讲解即将上演的场景，以便扮演学生角色的同事准确了解如何塑造人物。

注意：为了采用合理的、专业的方式进行讨论和提供反馈，需要统一信号来提示大家什么时候“入戏”和什么时候“出戏”。因此，角色扮演活动是可以随时喊停的。

步骤1：指导

在角色扮演的活动中，有两种指导模式可选。第一种，总指导会在带领教师过戏时，为他们示范具体做法。示范后可以让教师预演一遍，以便熟悉整个流程。第二种，整个教研小组（包括角色扮演的参与者）一起讨论跟场景有关的问题，然后共同商定出一项可供教师在角色扮演期间实施的解决方案。

步骤2：表演

在特定场景的角色扮演过程中，当教师处理学生失当行为时，需要总指导和小组成员密切关注。按照整个教研小组的提示和建议，现场演绎可以重复几次，直到每个人都对解决方案满意为止。

步骤3：反馈

反馈的第一阶段是让总指导指出教师的授课优点，然后给教师自我评价的机会。如果他们能够意识到不足，自己向小组汇报更好。通常情况下，由于教师从角色扮演中洞察到自身不足，他们会计划在今后授课中做出改变。

在整个过程中，让其他参与者，尤其是爱捣乱学生的扮演者做出反馈至关重要，这些反馈能够使大家深入了解新的解决方案下各方的感受。